がんばらない介護

理学療法士　橋中今日子

ダイヤモンド社

はじめに

「まだ自分には関係ないと思っていた親の介護がやってきちゃった！」

年明け早々、東京に住む友人（40代女性・会社員）から連絡が入りました。

「福岡にいる母親が腰の骨を折ったそうなの。とりあえず、近くに住む妹が病院に連れて行ったんだけど…。妹は『パートのシフトが決まってるからこれ以上休めない。なんとかして！』って言うし、私も仕事があるからすぐには戻れないし…」

友人の母親は67歳。1人暮らしですが、スポーツクラブに通い、ふだんから健康に気をつけながら、日本各地を旅行するほど元気だったそうです。それがいきなり、腰椎圧迫骨折で寝返りも打てない状態になったのです。

「〝介護は突然やってくる〟とは聞いていたけど、いざとなると何をしたらいいか、ぜんぜんわからない。私、どうすればいいの？」

突然ふりかかってきた介護問題に、友人は大きなショックを受けていました。

大介護時代がやってきた

「認知症の男性が運転する車が歩道に乗り上げ、死傷者が出た」

「脳梗塞の妻を介護していた夫が、妻を殺害した」

「仕事を辞めて介護に専念していた息子が、生活苦のため、母親と無理心中した」

介護にまつわる、悲しい事故や事件の報道は後を絶ちません。

平均寿命は年々伸びているのに、1人で元気に生活できる「健康寿命」の伸び率は低迷しています。平均寿命と健康寿命の差は約10年。つまり、私たちは最後の10年間、誰かの手助けなしには生きていくことができないのです。

しかし、「誰もが介護し、介護される〝大介護時代〟になった」と聞いても、実際に介護を経験した人以外は、「ピンとこない」のが正直なところではないでしょうか。

誰でも、親や自分自身が弱っていくことは想像したくありませんし、「自分には関係ない」「まだ大丈夫だ！」と思いたいのは当然の心理でしょう。

そして、仕事や子育てに追われる多忙な日々の中、いま直面しているわけでもない介護について考える余裕などないのも現実でしょう。

たしかに、介護と無関係に暮らせるなら、それに越したことはありません。けれども、介護の問題は突然やってきます。そして、いつあなたに訪れるかわかりません。

しかも、新聞やテレビ、ネットのニュースからは、

◉介護離職者は毎年10万人にのぼる*1

◉家族を介護する人の4人に1人が介護うつを経験*2

◉介護殺人、心中事件が2週間に一度発生*3

といった「介護が始まったら人生終わり!?」のような情報ばかりが聞こえてきます。

でも、安心してください。

事前に準備をすれば、つらい、苦しい介護は避けられます。

仕事や自分の生活を大切にしながら、介護することができます。

1人で抱え込まずに「がんばらない介護」を実現することは可能なのです。

介護の問題は、予想もつかないハプニングの連続

私は、父をガンで看取ってから、認知症の祖母、重度身体障害の母、知的障害の弟の3人を21年間、1人で介護してきました。並行して、リハビリの専門家（理学療法士）として病院に14年間勤めましたが、毎日がトラブルとハプニングの連続でした。

◉転倒して祖母が骨盤を骨折。痛みで寝返りもできないのに、搬送先の病院から入院を断られた！

◉寝たきりの母が大晦日に、39℃の熱。病院もケアマネも休みで連絡が取れない！

◉認知症の祖母が深夜・早朝に大騒ぎ。体力は限界だけれど、介護休業を使い切っているから、これ以上仕事を休めない！

こういった数々の問題に直面しましたが、1つひとつ解決していく経験を通して、「困った！」ときには医療・介護の専門家や市区町村の窓口に相談すればいいことを学んでいきました。

ところが、その後に、最大の危機がやってきました。

家族の入退院や体調の急変に振りまわされ、遅刻、早退、急な休みが続く私は、

「これ以上、職場に迷惑をかけるなら辞めてもらう」と上司から言い渡されたのです。

「どうしてこんなに大変な状況をわかってくれないの？」とショックを受けましたが、同時に、それまで「誰かに相談することは甘えだ」「わかってくれているだろう。言わなくても大丈夫だろう」との思いこみから、職場にいっさい相談していなかったことに気づいたのです。そこで初めて、

「父が亡くなってから、1人で家族3人を支えてきました。働いているのは私だけなので、仕事を辞めるとお金に困るんです」

と今まで恥ずかしくて言えなかった家族の事情を伝えたとき、怒りでこわばっていた上司の表情がゆるみました。そして、こう言葉をかけてくれました。

「何がどう大変なのか、言ってくれないと僕たちはどう助けていいかわからないんだよ。もっと周囲を信頼して相談しなさい。もっともっとまわりの人を頼りなさい」

「がんばらない介護」とは、助けを求めること

介護の問題を解決するためにほんとうに必要なのは、「1人でがんばる」のではな

く、周囲の人に助けを求めることです。

　こうした自分の体験や気づきを、ブログ「介護に疲れた時、心が軽くなるヒント」に綴ったところ、3年間でのべ500件にのぼる介護の悩みが届けられました。そこには、過去の私と同じく、周囲に相談できずにあきらめている方が大勢いました。


「ケアマネジャーはあてになりません」

「職場には介護経験がある人がいないから、言ってもわかってもらえません」

「自分の親なのに夫は何もしません。『大変だから助けて』と言っても『それぐらいで泣き言を言うな』と怒ります。介護している義母からも『役に立たない嫁だ』とののしられます。近くに住むきょうだいは、口は出すものの何も手伝ってくれません」


　介護の大変さは、経験した人にしかわかりません。介護の現実は、外からは見えにくく、想像できないことばかりです。そして、1人に負担が偏りやすいため、同居している家族にすら大変さをなかなか理解してもらえないのが実情です。

　一番支えてほしい人から支えてもらえないことが、どれほど苦しいものか…。私自身、何度も経験してきました。相談しても協力してくれない、助けが期待できないことを1度でも経験すると、「どうせわかってもらえない」と感じ、相談すること自体をあきらめてしまうのです。

では、この悪循環から抜け出すには、何が必要なのでしょうか?

それは、次の2つです。

◉苦しい気持ちを打ち明けられる人を見つけること

◉「わかってもらえた!」と安心できる周囲との関係づくりに取り組むこと

周囲から「察してもらう」「気づいてもらう」まで待っていても、問題は解決できません。誰か1人でもいいのです。「相談できた」「話を聞いてもらえた」という安心感が、苦しい状況を解決する第一歩となります。

自分自身を振り返っても、「こんな事態になる前に相談していれば、もっとラクに、もっと早く問題を解決できたのに!」という出来事がたくさんありました。

そこで本書では、私自身が失敗したこと、うまくいったこと、そして私のところに寄せられた悩みから導き出した、

「困ったとき、どこに、どんなふうに相談すればいいの?」

「どう伝えれば、身近な人に協力してもらえるの？」

についての方法を、たくさんの事例とともにご紹介しています。

ちなみに、冒頭で紹介した友人も、私のアドバイスで各所に助けを求め、情報を集めて、遠距離介護の体制を整え、妹さんと協力しながら乗り切っています。


本書によって、介護を経験していない方が「介護は誰にとっても身近なものである」ことを感じ、事前準備を始めるきっかけになればうれしく思います。

そして今、介護に直面して1人でがんばっている方が解決の糸口を見つけ、「がんばらない介護」ができる環境に少しでも早く近づけることを心から願っています。

2017年3月

橋中　今日子

＊1：総務省「令和4年就業構造基本調査」より
＊2：「2005年厚生労働省研究班調査」より
＊3：NHKスペシャル「私は家族を殺した～〝介護殺人〟当事者たちの告白～」より

がんばらない介護

目次

第1章 「1人でがんばらなくていいんですよ」
介護保険制度やサービスを使いこなす方法

第2章

第３章

「家族だからって辛抱しなくていいんですよ」

家族間のトラブルを解決する方法

第4章

「息抜きの時間が一番大切なんですよ」

〝介護うつ〟にならない方法

＊本書の内容および数字は、すべて取材・執筆時のものですが、第2刷において「令和6年度介護報酬改定」を反映しました。

＊介護サービスの内容や利用料金は市区町村によって異なるので、ご確認ください。

第1章

「1人でがんばらなくていいんですよ」

介護保険制度やサービスを使いこなす方法

「どこに相談すればいいの？」

迷ったら〝介護のよろず相談所〟地域包括支援センターへ

「父が認知症と診断されました。物忘れがひどく、感情の起伏が激しいので介護保険の申請を考えていますが、友人からは、症状が軽いので、サービスは使えないのではないかと言われました。費用がどの程度かかるのかもわからず、不安です」

Aさん（40代女性・会社員）は、70代の父親の様子がおかしいと気づき、一緒に病院に行きました。いつかはこういう時が来るかも……と漠然と考えていましたが、ずっと病気知らずの人だったので、ショックを受けています。

Aさんのように、介護はある日、突然やってくるものです。

「父親が脳梗塞で倒れた」

「久しぶりに実家に行ったらゴミ屋敷になっていて、母親の様子がおかしい」

こういうケースは珍しくありません。

「介護は事前準備が必要だ」と感じながらも、毎日の忙しい生活の中では、介護サービスや制度について調べる余裕もなかなかないでしょう。

また、新聞やテレビで報じられる一般的な介護についての「大変そう」「壮絶だ」「苦しい」「悲しい」といったイメージから、「できれば考えたくない」と、先延ばしにしたくなるのも自然なことです。

当事者として直面するまで実感がわかないのが「介護」なのです。

まず、最寄りの地域包括支援センターを探す

Aさんには、まず市区町村の高齢者関連の窓口か、地域包括支援センターに相談することをおすすめしました。

「地域包括支援センター」とは、高齢者の生活を支える総合機関で、全国に約430

0施設（支所を含めると約7000施設）あり、各市区町村に設置されています。保健師（もしくは経験豊富な看護師）や社会福祉士、主任ケアマネジャーが配置されていて、さまざまな介護の相談に乗ってくれます。受付時間は平日の8時半〜17時が基本ですが、施設によって多少異なります。

なにより「地域包括」という名称のとおり、地域に密着したネットワークと情報が蓄積されているのが強みです。

地域包括支援センターは同じ市内でも複数設置されていることが多いので、親御さんが住む地域を担当する施設を調べてみてください。

また、地域によっては、「高齢者相談センター」「高齢者あんしんセンター」などの名称を使用しているところもあります。インターネットで、「地域名」と「地域包括支援センター」で検索すると、最寄りのセンターが見つかります。

介護の相談は地域包括支援センターへ

地域包括支援センターは、高齢者に関するさまざまな問題に対応しています。

おもな業務は次の4つで、家庭内のトラブルや金銭面での相談にも乗ってくれます。

◉地域包括支援センターのおもな業務

1．総合相談・支援

高齢者の生活・介護などについての相談や悩みを受け付け、地域における適切なサービス、福祉・医療関係機関などにつなぐ

2．権利擁護

高齢者の虐待や消費者被害の防止をはかり、自分の判断で財産などの管理ができなくなったときの成年後見制度などの相談に応じる

3．包括的・継続的ケアマネジメント支援

ケアマネジャー（以下ケアマネ）や主治医など、さまざまな機関と連携したネットワークをつくり、高齢者の生活をサポートする

4．介護予防ケアマネジメント

「要支援1」「要支援2」と認定された人、支援や介護が必要となるおそれが高い人が自立して生活できるよう、介護保険や介護予防事業などで支援する

地域包括支援センターのメリットは、介護に関する相談を行政や関係機関の間でたらい回しにされることなく、ワンストップで対応してくれることです。

たとえば、ケアマネが介護を、保健師が医療を、そして社会福祉士が高齢者の権利擁護に関する相談を、といったように、それぞれが専門性を発揮し、チームで解決する体制づくりがなされています。

また、高齢者に対する虐待や権利擁護の相談・通報を地域包括支援センターが受けることで、弁護士や警察とも連携し、虐待に対する防止や早期の対応もできるようになっています。

高齢者の〝よろず相談所〟

地域包括支援センターは、介護保険の申請に関係なく、幅広い相談に応じてくれる、高齢者のための〝よろず相談所〟的な存在です。

「1人暮らしをしている父が高額の羽毛ふとんを買わされているようだ」

「最近、父の足腰が弱ってきているので、何かいい運動はありませんか？」

「地方に住む両親のどちらかが倒れたら老老介護になってしまう。いい対処法は？」

「認知症の母を介護している父が暴力を振るっているようだ」

「お隣の老夫婦の家にゴミがたまっていて、悪臭がして困る」

「近所の１人暮らしのおじいちゃんの姿を最近、見ないんだけど大丈夫だろうか」

など、家族や近隣住民の方からの相談にも対応してくれます。

＊＊＊

地域包括支援センターは、高齢者が住み慣れた地域で暮らし続けるために「住まい」「医療」「介護」「生活支援」「介護予防」のサービスを受けられるよう〝包括的〟にサポートする役割を担う組織です。

高齢者や介護に関して困ったことが発生したら、まずは地域包括支援センターに相談しましょう。

何か問題が起こったときはもちろん、問題になりそうなケースの相談にも乗ってくれます。介護のことで少しでも気になる点があったら、遠慮なく連絡してみましょう。

「制度が複雑でわからない…」

⬇

介護のことは自分で勉強せず、専門家に聞くのが早い

「地域包括支援センターで、父の介護保険の申請をしてきました。デイサービスの利用を考えていますが、父の介護度を認定する調査が終わり、介護のランクが確定しないと、具体的なサービス内容は決められないと言われました。資料を見ても、仕組みが複雑でよく理解できません」

前出のAさんは、パソコンで検索し、最寄りの地域包括支援センターに行きました。申請手続き自体は簡単でしたが、介護保険のパンフレットを見て、その複雑さに頭を抱えました。聞き慣れない用語が多いうえに、父親が実際どのランクに該当し、ど

ういうサービスを利用できるのか、わからなかったからです。

Aさんが驚いたように、介護保険の仕組みはとても複雑です。しかも、制度は逐次、改正されていきますし、すべての内容を把握するには限界があります。

でも、安心してください。どんな些細なことでもわからないことがあったら、地域包括支援センターに聞いてみましょう。

ただし、緊急時を除き、手続きには、ある程度、時間がかかります。

介護がどのくらい必要なレベルか

まず、介護保険のサービスを利用するには、「要介護度」の認定を受けなければなりません。市区町村の調査員が自宅（あるいは病院や施設）を訪問し、本人の心身の状態を確認する「認定調査」と「主治医意見書」をもとに要介護度が決められます。

「主治医意見書」はかかりつけのお医者さんがいれば、その方に依頼します。実家が離れていると親がどこの病院に通っているのかわからないこともありますが、主治医が不明な場合でも、市区町村が手配してくれるので心配ありません。

要介護度とは「生活する際にどのくらいサポートが必要か」を判定したもので、軽いほうから順に7ランクに分かれます。要介護度に応じて介護保険の支給限度額（P70参照）が決まり、基本的にはその金額内でサービスを組み合わせてケアプラン（介護計画書）を作成します。

◉要介護度の区分

要支援1…食事や排泄はほぼ1人でできるが、生活の一部に支援が必要
要支援2…食事や排泄はほぼ1人でできるが、ときどき介助が必要
要介護1…生活の一部に介護が必要
要介護2…軽度の介護が必要
要介護3…中等度の介護が必要
要介護4…重度の介護が必要
要介護5…最重度の介護が必要

認定調査から要介護度の認定までは約1〜1ヶ月半

介護保険を申請してから実際に介護サービスを利用できるようになるまでは、次のような流れになります。

◉介護保険のサービス利用までの流れ

1．要介護認定の申請（市区町村もしくは地域包括支援センター）
2．認定調査（訪問調査）・主治医意見書の提出
3．審査判定
4．認定
5．ケアプランの作成
6．介護サービスの利用開始

認定調査から認定までは1〜1ヶ月半ほどかかります。

「要支援」と認定された場合は、地域包括支援センター、あるいは居宅介護事業所のケアマネがプランを作ってくれます。「要介護1」以上と認定された場合は、居宅介護支援事業所のケアマネが担当します。

要介護認定の申請後であれば、認定結果が出る前に介護保険サービスの利用が認め

られる場合があります。すぐにサービスを利用したい場合は、申請窓口である市区町村もしくは地域包括支援センターに相談しましょう。ただし、認定が下りなかった場合は、利用したサービスは全額自己負担となります。どのぐらいの費用負担になりそうか、合わせて確認しておくと良いでしょう。

介護保険で利用できるサービスと種類

介護保険では、全25種類、53のサービスが用意されています。要介護度によってすべてのサービスが受けられるとは限りませんが、生活援助、福祉用具のレンタル、住宅リフォームまで多彩なサービスが用意されています。

◉介護保険で利用できるおもなサービス

〈自宅で受けるサービス〉

ホームヘルプサービス（身体介護、生活援助）、訪問入浴、訪問看護、訪問リハビリ、夜間対応型訪問介護、定期巡回・随時対応型訪問介護

〈施設で受けるサービス〉

デイサービス（通所介護）、デイケア（通所リハビリテーション）、ショートステイ（短期入所生活介護・短期入所療養介護）

〈環境を整えるためのサービス〉

福祉用具貸与（車椅子や特殊ベッドなど13品目）、福祉用具販売（購入費用の9割が支給、同一年度で10万円まで）、住宅改修費の支給（限度額あり）

Aさんが希望する「デイサービス」（日中だけ施設で過ごしてもらい、入浴や食事、機能訓練などのサービスを受ける）や、ヘルパーが自宅に来て掃除や洗濯、買い物、調理などをしてくれる「ホームヘルプサービス」も「要支援1」から利用が可能です。

＊＊＊

要介護認定さえおりれば、あとはケアマネが介護を受ける人の状態や家族の希望をふまえて、適切なケアプランを提案してくれます。

相談しながら、どういう介護サービスを受けるかを決めるので、どういう支援がほしいか、どんどんリクエストしていきましょう。

ただ、ケアマネは実際の介護業務は行わないので、ご注意ください。

「いつもはもっとヒドイんだけど」

介護認定のときは、当日の見た目より日々の記録が効果的

「近々、認定調査がありますが、父の症状には波があります。認知症と診断されたとはいえ、人が来ると急にシャンとしたりするので、調査員に実態が伝わらないのではないかと心配しています」

認定調査の日取りが決まり、Aさん（前出）も立ち会うことになりましたが、調査員の訪問は平日の日中です。しかたなくAさんは会社を休むことにしました。

父親は最近、物忘れがひどく、トイレの場所がわからなくなって粗相をしたり、財布がなくなったと大騒ぎしたりするものの、落ち着いているときはコミュニケーションも問題なく、元気な高齢者にしか見えません。来客には普通に対応することもあります。じつは認知症の方の中には、社交的な能力を保っている人も多いのです。ときには「本当に認知症？」と思うほど、しっかりした受け答えをする人も少なくありません。

介護をしている友人から、介護保険を申請しても「非該当（介護の必要なし）」になることがあると聞き、Aさんは急に心配になりました。

日々の記録や証拠写真を残しておく

要介護認定では、調査員が本人と面談し、「食事や衣類の脱ぎ着が自分でできるか」「どの程度、自力で動けるか」などを確認します。

心身の状態をより正確に把握するため、「主治医意見書」と合わせて判定されますが、調査時に、いつも以上にがんばろうとしたり、「できます」と言い切ったりする人がほとんどです。短時間の面談では、困っている状況や問題が見えにくいのです。

私の祖母もそうですが、認知症の場合、夜になると急に不安になって騒ぎ始めたり、トイレの失敗が多くなったりするものです。一時期は早朝に玄関でごそごそしているので、なんでこんな時間に？　と不思議だったのですが、日付があいまいになって不安になり、毎朝、新聞で確認していたことがあとになってわかりました。しかし、初めて会う人には「しっかりしたおばあちゃまですね」と言われたりするのです。

本人もよいところを見せたいという気持ちがあるのでしょう。ふだんよりしっかりしていたという話はよく聞きますし、極端な例では、歩けないはずの人が歩いたというケースさえあります。

当日の様子だけでは実態がうまく伝わらないと感じるなら、調査が終わった後、場所を変えて家族の話を聞いてもらうようにお願いしましょう。

その際には、日々の状態を記録したメモや、粗相をしたときの写真、あるいは騒いでいるときの動画などがあると説得力があります。

リアリティーが伝わる材料を用意しよう

汚れた下着や廊下に落ちている排泄物、壁に残る手の跡などの写真はとてもインパクトがあるでしょう。撮影には抵抗があるかもしれませんが、介護が必要な状況を口頭で説明するのはむずかしいものです。メモや記録も役に立ちますが、文章より1枚の写真のほうが、実情を伝える力があります。

動画もスマートフォンやデジタルカメラで撮影できる時代です。タイミングがあえば即、撮影しておきましょう。

＊＊＊

認定調査当日の状態がよくても、「本人に恥ずかしい思いをさせたくないから」と、ふだんの様子を伝えることには躊躇するものです。しかし、それでは実際の大変な状況は伝わりません。トイレの失敗も含め、ふだんとの違いを動画や写真で見せるのは、有効な手段です。

また、調査員が来るからといって、室内の掃除や片付けなどはしないでください。雑然としていても、ゴミがあふれていても、においが気になっても、ありのままの状態を見てもらうことのほうが大切です。

必要以上に悪く見せることはありませんが、正確に認定してもらったほうが、よりよい介護につながります。

「どこの誰に頼めばいい？」

ケアマネジャーは〝安・近・短〟の人を選ぼう

「父が要介護1と認定されました。ケアマネを決める必要がありますが、地域包括支援センターからは〝居宅介護支援事業所〟のリストを渡されただけです。どの事業所にお願いしていいのか、迷っています」

Aさん（前出）は、認知症の父親に「要介護1」の認定がおり、あとはプロにお願いしようと思っていたところ、いきなりつまずいてしまいました。

地域包括支援センターでは家族や本人からの相談に対応し、介護保険の申請手続きについては説明してくれます。居宅介護支援事業所のリストももらえますが、残念ながら、どの事業所の、どのケアマネに依頼すればいいかまでは教えてくれません。

各事業所は民間の運営なので、中立な立場である地域包括支援センターでは、特定の事業所を推薦することができないのです。

近い事業所はなにかと便利

ですから、「人気の事業所はどこですか？」「評判のよいケアマネさんがいる事業所を教えてください」と聞いても答えてはもらえません。

ただ、「家から近い事業所はどこですか？」「認知症に詳しいケアマネさんはいらっしゃいますか？」「経験豊富なスタッフが多い事業所はどこですか？」という聞き方はできます。

家族としては、少しでもよい事業所を選びたいと思うので、悩んでしまいがちですが、近所にある事業所が便利です。自宅に来てもらうのも、こちらから相談に出向くのも気軽だからです。

まずは親御さんの家に近い事業所の候補をリストアップして、実際に電話をしてみてください。親御さんの状態を相談し、その感触で決めてもいいでしょう。最初から1つに絞り込まず、複数の事業所に連絡してみてください。

私の経験では、病院系列の事業所やデイサービスなどの介護施設を運営している事業所は使い勝手がいいと感じています。病状が急変したときも入院や入所の相談がしやすかったからです。地域包括支援センターに「病院付属の事業所はどこですか？」「施設を持った事業所はありますか？」と聞いてみましょう。

事業所やケアマネへは具体的なリクエストを

居宅介護支援事業所が決まったら、そこのケアマネにケアプランの作成を依頼します。基本的には、こちらでケアマネを選ぶことはできませんが、たとえば「可能であれば、女性（あるいは男性）の方をお願いしたい」というリクエストはできます。

割合としては少ないものの、男性のケアマネもいます。介護される人が男性の場合は、男性のケアマネのほうが話しやすいかもしれません。

ケアマネは介護のための頼もしい味方なのですが、ときおり「親身になってくれない」「対応が遅い」などの不満を耳にすることがあります。

ケアマネへの不信感を感じている方のお話をうかがうと、「忙しそうで、時間を取ってもらうのは申し訳ない」と遠慮したり、「どうせわかってくれない」「どうせ動いてくれない」といった過去の経験からあきらめたりしている場合が多いようです。

ケアマネや事業所の対応に不満を感じた時は、変更することが可能です。

しかし、まずは「今、何に困っているか」「必要なサポートは何か」と、より具体的なリクエストにして再度伝えてみてください。もしかしたら、介護の現状認識にズレがあるかもしれないからです。準備や調整が必要なサービスもあり、すぐに状況が変わるとは限りませんが、一度であきらめず、ダメモトで伝え続けましょう。

＊＊＊

ケアマネは、介護施設などで数年間、実務に従事したあと、資格を取得したプロフェッショナルです。近隣の施設の特徴や具体的なサービス内容にも詳しく、幅広い情報を持っていますから、何でもどんどん相談しましょう。

よいケアマネの条件は、「安（安心）・近（近所）・短（すぐに行動）」です。よい介護をしていくためにも、安心して相談できる人を見つけてください。

「仕事は絶対、続けたいんです」

ケアプランを決めるときは、介護側の希望と事情を必ず言う

「父の介護を担当してもらえる事業所とケアマネさんが決まりました。平日の昼間はなるべく、デイサービスを利用したいと考えています。ケアプランの作成をお願いするとき、どんな点に注意したらいいでしょうか」

そもそもAさん（前出）が、介護保険の利用を考えたのは、仕事と介護を両立させたいからでした。ですから、話しやすいケアマネが担当に決まり、プロに相談できるだけでも、こんなに心強いのかと頼もしく感じています。

介護サービスは要介護度によって利用限度額が決まっているので、基本的にはその

金額内に収まるように、ケアプランが作成されます（P70参照）。一般的には、利用者の自己負担額は1割ですが、介護される人の収入によって、2〜3割になることがあります。しかし、同じ要介護度であっても、たとえば認知症か脳梗塞かによって必要なサービスは当然違いますし、本人の心身の状況や家庭環境によっても内容が変わってきます。

こうした諸条件に応じて、さまざまなサービスを組み合わせ、適切なプランを作成してくれるのが、ケアマネの仕事です。

生活スタイルをなるべく崩さない

Aさんの場合は、仕事を続けられるかどうかが最大の課題でした。

両親は、車で20分ぐらいの距離に住んでいます。母親は元気ですが、膝が悪く、重いものやかさばるものの買い物ができません。父を介護する母の負担を減らすため、Aさんは仕事帰りや週末に食材を届けたり、家事を手伝ったりしていました。

しかし、父親がデイサービスに行くことになれば、母親の負担が減り、Aさん自身も平日は実家に通う回数を減らせます。デイサービスの施設で、認知症の進行を遅らせるプログラムが受けられるのも魅力でした。

ケアマネはAさんの家庭の事情や父親の状態を把握して、週3回のデイサービスを組み込んだプランを作成してくれました。さらに、ヘルパーの訪問も週2回あります。平日は毎日、なんらかのサービスが受けられるようになり、Aさんはとてもラクになりました。＊デイサービスの利用可能日数や料金についてはP51参照

利用限度額にプラスαもできる

デイサービスの利用時間は、9時から16時頃までのところが多いです。

施設の車で自宅まで送迎してくれるので、家族が送り迎えをする必要はありませんが、家族全員が仕事をしていて、まだ帰宅していない場合は困ってしまいます。私自身、勤めていたときには、規定の送迎時間だと出勤がギリギリになってしまい、帰ってくる時間までに戻れなかったこともありました。

ただ、なんとしても仕事を続けたかったので、送迎のスタッフに「朝一番に迎えに

来てもらい、送りを最後にしてもらえないか」と交渉しました。最初は「特別扱いはできない」と断られましたが、祖母が１人で留守番をすることが難しくなり、このままでは仕事を辞めざるを得ないという緊迫した状況を伝えたところ、しだいに事情を察して、配慮してもらえるようになりました。送迎の時間が15分でも30分でもずれるだけでとても助かります。規則はあっても、ダメモトでお願いしてみましょう。

施設によっては延長サービスや夜間デイサービス、宿泊可能な「お泊りデイサービス」を提供しているところもあります。緊急時にピンポイントでの利用も可能です。これらのサービスは介護保険の対象外となるため、全額自己負担になります。

＊＊＊

ケアプランを立ててもらう際に大切なのは、介護する人の状況や都合をケアマネに具体的に伝えることです。介護が始まると生活のリズムが変わってしまいがちですが、「この日は16時までに帰れない」「週末は出張が多い」などの都合をきちんとケアマネに伝え、なるべく今までと同じように暮らせるプランを作成してもらいましょう。

また、利用限度額の中で、最大どれだけのことができるかを見極めつつ、無理のない介護ができるよう、相談することも大事です。

「疲れた、死にたい…」

ケアマネジャーに「もうがんばれない」と本音を伝える

「脳梗塞で片マヒになった母の介護と仕事の両立で疲れ果てました。ある日、張りつめていた糸がプツンと切れて、ケアマネさんに〝私、もう死にたいです〟と泣きながら訴えたんです。母は要介護2だったので、特養には入れないと言われていたんですけど、いろいろ奔走してくださって、運よく入所できました」

東京在住のBさん（30代女性・会社員）は、母1人子1人の家庭で育ちました。女手1つで自分を育ててくれた母親は、Bさんにとってたった1人の家族。忙しい中、認知症になった母親を、がんばって介護していました。

しかし、今まで家事を担当し、Bさんを応援してくれていた母親ではありません。会話もスムーズではなく、意志の疎通がうまくいかないこともしばしばです。1人っ子できょうだいもいないため、知らず知らずのうちに無理を重ねていたのでしょう。冷静なキャリアウーマンだと思っていたBさんが取り乱す姿を見て、ケアマネはとても驚いたそうです。そこで、在宅介護は限界だと判断し、地域包括支援センターと相談して空きのある特別養護老人ホーム（特養）を見つけてくれたのでした。

介護から解放されたBさんは、生活のペースを取り戻し、特養で暮らす母親のもとへ、しばしばお見舞いに出かけています。

要介護認定にかかわらず窮状を訴える

特養の入所条件は原則「要介護3」以上です。

通常はBさんの母親のように、「要介護2」では入れません。

特養は介護施設の中でも人気の高い施設です。長期の入所が可能で、比較的費用も安く抑えられます。その一方、施設によっては数百人待ちの場合もあり、希望してもすぐには入れないと考えている人も多いでしょう。

しかし、以前と比べて全国的に待機者数は減っており、入所しやすくなっている地域が増えています。

必要性が認められれば、「要介護3」未満であっても、Bさんのケースのように入所できる可能性があると知っておきましょう。

「介護の人手が限られている」「仕事との両立がむずかしく、精神的にも肉体的にも限界だ」「離職してしまうと生活が立ちゆかなくなってしまう」など、自分のつらい状況をなるべく率直に訴えてください。

SOSを発信して初めて、救いの手が差し伸べられる

人手が足りず、仕事との両立に悩んでいるのは、Bさんだけではありません。介護に携わる人なら誰でも同じです。寝たきりだったり、徘徊がひどかったり、一日中、世話に追われている方もいるでしょう。

ケアマネを動かしたのは、Bさんの涙と「死にたい」という言葉でした。彼女がそ

こまで追い詰められているとは、ケアマネも気づいていなかったのです。

介護者はなるべく自分や家族の状況を、冷静に淡々と話そうとしがちです。プライベートな話題ですから、話すのを躊躇したり、弱音を吐きそうになる心を一生懸命、抑えようとするからです。

でも、情報を共有する相手は少しでも多いほうがいいのです。ケアマネに話しにくければ、地域包括支援センターやデイサービスのスタッフに相談してみましょう。とにかく、自分の気持ちを抑えず、素直に周囲の人に助けを求めてください。

＊＊＊

自分では窮状を訴えているつもりでも、相手には伝わっていない場合があります。理解して欲しい一心で細かく状況を説明するより、「限界です」「助けてください」「もう疲れた」と、ストレートにＳＯＳを発信してください。

「冷たい家族だと思われるんじゃないか」「できないヤツ、ダメな人間だと思われたくない」と感じたら、それはもう我慢の限界でコップの水があふれそうになっている時期なのです。つらさを正直に伝えることができれば、心も軽くなります。安心して助けを求めてください。

「お風呂に入れるのは重労働」

⬇ 入浴は介護サービスで対応するとラクになる

「父の入浴に苦労しています。脳梗塞で倒れて以来、立ち座りや歩行が不自由になり、1人ではお風呂に入れません。入浴の回数を減らす代わりに、毎日身体をふいてあげますが、やはり浴槽に浸かるのは気持ちよさそうです。介護職員の方に来てもらう介護サービスをお願いしたほうがいいでしょうか？」

Cさん（50代女性・専業主婦）は、父親の入浴介助に四苦八苦しています。父親は体格もよく、自宅のせまいお風呂での介助は、小柄なCさんにとってかなりの負担です。毎回、ずぶぬれになりながら格闘していました。

［「訪問入浴介護」の利用料金（1割負担、1回あたり）**］**

	部分入浴	全身入浴
要支援1、2	770円～	850～1,000円
要介護1～5	1,139円～	1,250～1,500円

＊市区町村、事業者の規模、サービス内容の加算等により費用は異なる

［「訪問介護の入浴介助」の利用料金（1割負担、1回あたり）**］**

30分未満	244円～
30分以上60分未満	387円～
60分以上90分未満	567円～
90分以上30分増すごとに	82円～

＊介助内容は、服の脱ぎ着、浴室への移動、浴槽の出入り、体を洗う、ふくなど
＊訪問介護サービスの「身体介護」の内容で行われる
＊市区町村、事業者の規模、サービス内容の加算等により費用は異なる

「訪問入浴介護」を利用する

入浴の際に介助が必要になると家族は大変です。

一般家庭のお風呂はそれほど広くありませんし、シャワーチェアや補助具などを置くと、ますますせまくなってしまいます。大柄な男性を介助する場合には、２人がかりになることも少なくありません。

介護保険には「訪問入浴介護」と「訪問介護の入浴介助」というサービスがあります。「訪問入浴介護」は、看護職員と介護職員が専用車で自宅を訪問して、持参した介護専用の浴槽で寝たきりの人を入浴させてくれるサービスです。

「訪問介護の入浴介助」は、ある程度自力で動ける方を対象にヘルパーが自宅の浴槽で入浴させてくれるものです。

家族だけで対応せず、こういうサービスの利用を検討してもいいでしょう。「要支援1」から利用でき、1回あたりの料金は前ページの表のようになります。

食事も入浴もできるデイサービスはおトク

入浴にデイサービスを利用する方法もあります。

私は相談を受けると、こちらをおすすめしています。施設のほうが機材もそろっていて、広々としたお風呂にゆったり浸れますし、スタッフが介助するので、介護される側も快適だからです。

デイサービスの月額利用料や利用回数は左ページのとおりです。基本的に入浴と食事がついていて、機能訓練やレクリエーションも用意されています。500円程度の食費とその他の実費が加算されるものの、この料金で6~8時間滞在できるのです。しかも送迎付きです。

［デイサービスの利用料（1割負担）**］**

要支援１	1,798円（1週間に1回、月4回まで）
要支援２	3,621円（1週間に2回、月8回まで）
要介護１	600 ～ 700円未満（1回利用）
要介護２	700 ～ 800円未満（1回利用）
要介護３	800 ～ 900円未満（1回利用）
要介護４	1000 ～ 1100円未満（1回利用）
要介護５	1100 ～ 1200円未満（1回利用）

＊利用回数は、他のサービスとの組み合わせによって変えられる

「訪問入浴介護」や「訪問介護の入浴介助」は単品のサービスですが、デイサービスはいわゆるセット料金なので、そのぶんリーズナブルな設定になっています。

＊＊＊

入浴介助が必要になったら、家族で無理に対応するより、積極的に介護サービスを取り入れてください。

週２～３回、デイサービスを利用すれば、自宅で入浴する回数がぐんと減らせます。

いっそのこと、「お風呂は介護サービスを利用する」と割り切ってしまうのもいいでしょう。介護する人の負担が軽くなり、かなりラクになるはずです。

「あれ、ちょっとおかしい?」

いつもと様子が違うと感じたら、迷わず救急車を呼ぶ

「母が突然、歩けなくなってしまいました。すごく痛がっているし、地域包括支援センターはお休みだし、いったいどうしたらいいのか…」

お正月早々、Dさん(40代女性・会社員)から電話がかかってきました。

70代半ばの母親は軽度の認知症で、「要支援1」の認定を受けています。しかし、ある程度、家事ができ、父親のサポートもあって日常生活に大きな支障がなかったため、介護サービスは受けておらず、ケアマネも決まっていませんでした。

Dさんの住まいは実家から自転車で20分ほどの距離です。父親に呼び出され、あわ

て駆けつけたものの、母親はふとんから起き上がることができず、痛みはひどくなるばかり。意識ははっきりしていますが、かなり動揺しています。

しかし、腰の悪い父親とDさんだけでは、母親を動かすこともできません。

私は迷わず「突然動けなくなるのは、身体に何か異変が起こっている可能性があります。すぐに救急車を呼んでください」とアドバイスしました。

Dさんは「意識はしっかりしているのに、救急車なんて…」とためらっていましたが、手遅れにならないうちにと強く勧めました。かつて、認知症の祖母が同じような状況になった経験が私にもあったからです。数分後、救急車が到着。救急病院に搬送され、検査したところ、骨盤が折れていることが判明しました。

意識があっても救急車を要請する

はっきりしたことはわかりませんが、数日前、近所の人に抱えられて帰宅したそうです。おそらく買い物に出かけたときに転び、その際に骨折したのでしょう。母親は認知症があるので、具体的な症状やケガをしたときの状況をうまく説明できません。

本人が痛いという足のレントゲンを撮ったのに異常がなく、しばらくたって患部が痛み出し、突然、動けなくなる場合もあります。

高齢者は骨がもろくなっているので、寝返りを打つタイミングが悪かっただけで、知らないうちに背骨を圧迫骨折しているケースさえあります。ですから、「あれ、ちょっとおかしい？」と思ったら、迷わずに救急車を呼んでください。

意識が朦朧《もうろう》としたり、突然、心臓発作で倒れたなどであれば、すぐに119番に電話するはずですが、意識があるのに呼ぶのは申し訳ないと思う人が多いのです。最近、タクシー代わりに救急車を要請する人がいるという批判を耳にするからでしょう。

しかし、本当に具合が悪いときに遠慮する必要はありません。

救急車は、地域包括支援センターやかかりつけの病院が稼働していない年末年始や日曜・祝日、早朝・夜間にも対応してくれる心強い存在です。

状況が落ち着いたら再認定を

Dさんの母親は、その後、「要介護2」と認定されました。

骨折の影響で、外出時には車椅子が必要になりましたが、自宅内は歩けます。最初の介護保険の申請から数年経っていたので、新規の場合とほぼ同じ手続きが必要でしたが、救急搬送されたことで早く診断がつき、申請はスムーズでした。

現在は、担当のケアマネが決まり、父親とDさんの希望を考慮した介護サービスの利用も始まっています。

＊＊＊

ただごとでない容態だと感じたら、意識のあるなしにかかわらず、ためらわずに救急車を要請しましょう。

1本電話をすることで、手術やリハビリのタイミングを逃さずに済み、寝たきりになるのを防げるかもしれません。

電話する際には「○歳の母（父）です。持病に○○、過去の病歴に○○があります。現在の状態は○○です」と判断材料になる情報も伝えてください。必要性や緊急性がよく伝わり、先方も対処しやすくなります。

令和6年5月の時点で、29の都道府県に「救急安心センター」が設置されており、救急車を呼ぶべきか迷ったときは、「＃7119」に電話して相談できます。

「食事の支度や掃除をする余裕がない！」

⬇

困ったときはピンポイントで民間の有料サービスを利用する

「父の食事は、ヘルパーさんが週2回ほど用意してくれます。ヘルパーさんが来ない日は私が準備し、週末におかずの作り置きをして対応していますが、私も仕事があるので実家との往復がつらくなってきました」

Eさん（40代女性・会社員）は、「要介護1」と認定された1人暮らしの父親（70代）をサポートしています。

朝食はおにぎりやパンなどを用意しておき、デイケアに行く日は施設で食事と入浴を済ませてきます。しかし、ヘルパーが来ない日の夕食はEさんが準備しなくてはなりません。実家には歩いて行ける距離ですが、残業で遅くなる日もあり、Eさんは余裕のない日々を送っていました。

Eさんの親世代は、家事は妻がするものという世代です。要介護状態でなくても妻が亡くなり、1人になると困ってしまう男性は少なくありません。いざ家事をやろうとしても、高齢になって慣れないことにチャレンジするのはむずかしいものです。

民間の配食サービスをプラス

私はEさんに、「スーパーで売っているお惣菜を利用したり、民間の配食サービスを頼んでみては?」と提案しました。

私の周囲にも「配食サービス」を利用している人は何人もいますが、食べやすい柔らかさや形状に工夫がされ、栄養バランスも考えられていて、味もいいようです。

Eさんは「出来合いの惣菜では申し訳ない」「手作りの料理が一番」と思い込んでいたようですが、「余裕があるときには、Eさんの手料理を食べてもらえばいいでしょう」と言うと気がラクになったようでした。

最近は、自治体と配食事業者が提携して高齢者向けの配食サービスを実施するケースも増えています。要介護認定に関係なく利用できる場合が多く、昼・夕の1日2回配食してくれる、きざみ食やおかゆが選べるなど、事業所によって特色があります。

なにより安心なのは、食事を直接手渡しすることで安否確認をしてくれる点です。地域包括支援センターや市役所が窓口になっていることが多いので、一度、相談してみましょう。「味が飽きる」「値段が高い」という方には、緊急時や困ったときに短期間だけ、あるいは一時的にといった臨機応変な利用をおすすめしています。

以前のEさんは、食事の支度をする日がくるといつもイライラしていましたが、スーパーで買ってきたコロッケを「おいしいな」と喜ぶ父の姿を見て、手料理にこだわるよりも自分に余裕を持つことが大事だと感じたそうです。

家事代行サービスの導入で負担を減らす

介護保険で家事支援サービスを受けていても、なんでもやってもらえるわけではありません。ヘルパーは家政婦ではないため、たとえば、家族の食事は作ってもらえませんし、ペットや植木の世話、来客の対応などもお願いできません。

介護は、トイレや入浴介助のイメージが強くありますが、日常的な掃除や洗濯、ゴミ出しなども、高齢者にはだんだん負担になってきます。

介護者にとっては、時間のない中で家事の負担までのしかかってくるのです。

そんなときに便利なのが「家事代行サービス」です。最近は、子育てと仕事を両立するために利用する家庭も増えています。業者は多数あり、提供メニューも豊富。週1回2時間といった定期利用のほか、必要なときだけのスポット利用も可能です。

＊＊＊

高齢者向けの「配食サービス」を提供している会社はたくさんあります。ごはんの有無が選べたり、減塩やカロリーに配慮した献立を用意していたり、配食の回数や内容も希望することができます。1食あたり数百円程度かかりますが、買い物や調理の手間がかからず、片付けも簡単で食材の無駄もありません。

また、日常の家事については、民間の「家事代行サービス」を利用するのもいいでしょう。手間のかかる水回りの掃除を頼んだり、布団干しや買い物、食器洗いなど家事全般について依頼したりできます。

「介護用品ってどこで手配するの？」

急に車椅子が必要になったら、社会福祉協議会へ

「母の兄が昨夜、急死しました。明日の通夜に母を連れて行きたいのですが、足腰が弱って要介護1です。屋外では足元がフラつくので、外出が不安…。早急に車椅子を手配したいのですが、要介護1では借りられないと聞いています。よい手立てはないでしょうか？」

Fさん（40代女性・会社員）の70代の母親は、自宅内の移動はできるため、今まで車椅子は利用していませんでしたが、今回、葬儀場まで出かけていくには必要です。

ところが、介護保険では、「要介護2」以上でないと車椅子の貸与は受けられません

し、借りる際には事前予約が必要なので、とっさのときに対応できません。

そこで、Fさんにおすすめしたのは、社会福祉協議会への問い合わせです。

幸い、このときは手頃な車椅子の用意があり、2日間貸してもらうことで、Fさんは母親を連れて無事、葬儀に出席することができました。

知っておくと心強い、社会福祉協議会

社会福祉協議会とは、介護保険制度や地域包括支援センターが発足する前からあり、地域の福祉などをサポートする機関です。市区町村単位で必ず1つはあるので、最寄りの社会福祉協議会がある場所を、一度チェックしておきましょう。

車椅子などの介護福祉用具を一時的に貸してくれるところが多く、しかもうれしいことに無料です。借りられるのは原則として短期間ですが、地域によっては3カ月程度可能です。

また、車椅子だけでなく、介護用ベッドやシャワーチェアなどの入浴補助用具まで貸してくれるところもあるので、問い合わせてみてください。

介護保険の申請中（認定前）であっても、介護用品の利用は可能ですが、「要介護2」以下の認定になった場合はさかのぼって実費を負担しなくてはなりません。正式な認定がおりる前に無料で貸してくれる社会福祉協議会は心強い存在です。

注意点としては、直接出向いて取りに行き、自分で返却しなければならないこと。借りる際はその手間も考慮しておきましょう。

Fさんは車椅子の手配ができたことで、「母を葬儀に連れて行けてよかった。借りられることを知らなかったら、あきらめていたかもしれない」と大変喜んでいました。

民間のレンタルサービスと上手に使い分ける

私自身、Fさん同様、介護する祖母が親戚の葬儀に出席するため、急きょ車椅子が必要になったことがあります。その時は社会福祉協議会に取りに行く余裕がなかったので、民間の「介護用品レンタルサービス」を利用しました。

有料ですが、自宅まで届けてくれ、引き取りにも来てもらえます。基本は1カ月利用の料金設定で月額3000～7000円ですが、場合によっては半月分で対応してくれるところもあります。

また、たまにレンタル落ちした中古品（歩行器、車椅子、L字型手すりなど）を安く購入できることもありますので、出費を抑えたいときには検討してみてください。

「要介護2」以上でしたら、介護保険でも、車椅子や介護ベッドおよびその付属品など13品目の福祉用具を貸与するサービスがあり、レンタル料（標準的な自走式車椅子の場合、月額5000〜7000円程度）の1〜3割が自己負担になります。

また、直接肌に触れるポータブルトイレやシャワーチェアなどの入浴・排泄用具は、市区町村の指定業者から購入すると1割負担で済みます（対象金額は1年間に最大10万円まで）。ただし、事前の手続きが必要で、購入後に申請しても受け付けてもらえないので注意してください。必要が生じたら、まずケアマネに相談しましょう。

＊＊＊

社会福祉協議会の無料貸し出しや民間のレンタルサービスは、急に必要になったときのほか、要介護認定がおりるまでの〝つなぎ〟としても役立ちます。

また、介護用品のお試しにも便利です。実際の使い勝手、使用期間と頻度を検討しながら、レンタルと購入のどちらが経済的か、比較してみてください。

#「施設を利用するのは親不孝…」

⇩

施設介護に後ろめたさを感じる必要はない

「母が脳梗塞で倒れ、車椅子生活になりました。自宅をバリアフリーに改装し、がんばって介護してきましたが、正直、疲れてきました。デイサービスを利用して負担を軽くしたいと思う半面、イヤがる母を無理やり施設に行かせるのは申し訳ないし…」

Gさん（40代女性・会社員）は、3年前に脳梗塞で倒れ、半身マヒが残る母親の介護をしてきました。当初は、生命が助かっただけでもよかったと胸をなでおろし、人づきあいが苦手な母親のために、介護は自分1人でがんばるつもりでした。

しかし、現実は想像以上に大変でした。睡眠不足がたたって風邪を引きやすくなり、ストレスがたまってむしょうに甘い物が食べたくなり、体重も増えてきました。

同じように親の介護をしている友達は、ヘルパーに来てもらったり、デイサービスを利用したりしていて、Gさんにもすすめます。それができれば、どんなにラクだろう…と思いつつ、母親にどう切り出していいか、悩んでしまうのでした。

「疲れた、助けてもらいたい」と正直に伝える

家族の介護を人の手にゆだねることに抵抗がある人は少なくありません。がんばって介護をすると決心した人は、1人で介護できないのは自分の責任だと感じやすいものです。しかし、このままではGさん自身が倒れてしまいかねません。

介護は長期化しやすく、慢性的な睡眠不足と過労で心身ともに消耗します。けっして1人で抱え込めるものではありません。

「施設の話を持ち出したら母を傷つけてしまうかも…」と心配していたGさんには、「疲れた」「苦しい」「1人では無理だから、助けてもらいたくなった」と母親に正直

に言うようにアドバイスしました。

私の友人のWさんも、12年にわたる介護疲れがピークに達したとき、「会社をこれ以上休めないから、デイサービスに行ってもらえないかな」「ショートステイを利用してほしい。どうか私を助けて」と初めて母親の前で泣きました。

自分のつらさを正直に打ち明けたとき、母親の表情が変わりました。それまで「施設に行くくらいなら死ぬ！」と叫んでいた母親が、「無理をさせたね。ごめんね。お母さんもがんばるよ」とデイサービスを利用し始めたのです。

「本人もつらいのだから……」と、無理や我慢を隠したままサービス利用を勧めると、状況が悪化することがあります。Wさんのように「もう限界！」と苦しい本音を伝えてはじめて、態度が軟化するケースは多いです。

ただ、注意したいのは、サービスの利用を「お母さんのためにもなるから」などと親のせいにしないことです。あくまで「私のために力を貸してほしい」と、自分が困っているから助けてほしいというニュアンスで伝えてください。

利用する前に施設を見学してみる

施設に行くといっても、いきなりは家族も本人も不安かもしれません。ケアマネに相談して、いくつか見学に行ってみましょう。運動を積極的に取り入れた活動的な施設から、ゆったり静かに過ごせるタイプの施設までさまざまです。

デイサービスを利用していくうちに、顔馴染みのスタッフが増え、利用者同士の交流も深まり、少しずつ慣れていきます。私の祖母は、毎朝のように「デイサービスになんか行きたくない！」と不機嫌になっていましたが、デイサービスのスタッフが見せてくれた写真では、楽しそうにお菓子作りに取り組み、昼食を和気あいあいと食べているのです。祖母がサービスを満喫している様子がわかり、安心できました。

＊＊＊

自宅に閉じこもっているより、施設のほうが他者とのかかわりが刺激になって、楽しく過ごす方も多いもの。初めての場所や経験は、誰でも不安を感じますから、イヤがって当然です。まずはお試しで利用してみてください。

なお、いざデイサービスなどを利用すると、別居しているきょうだいや親戚から「もう少し在宅でがんばれるのでは…」と言われて躊躇《ちゅうちょ》しがちですが、気にすることはありません。介護の大変さは、実際にやっている人しかわからないのですから。

教えて介護保険 1

一番下の「要支援1」でも介護サービスが受けられる

要介護認定を受けることに意味がある

介護保険のサービスを利用するには申請手続きをおこない、要介護認定を受ける必要があります。認定には7つのランクがあり、

「要支援1、2」は「予防給付」

「要介護1〜5」は「介護給付」

という位置づけです。

「要支援」は予防がメインで、担当は地域包括支援センターになり、受けられるサービスも「要介護」の人よりは少なめです。

十分なサービスが受けられないなら、介護保険を申請しても仕方がないという人もいますが、それは違います。今は、元気であっても、後期高齢者であれば立ち座りがしづらい、家事を負担に感じはじめた、物忘れが激しいなど、年を重ねるごとに、生活になんらかの支障が出てくるものです。

「要支援1」でも取れればラッキーです。困っていることや先々の不安などを相談す

ることができますし、地域包括支援センターに記録が残れば、本格的に介護が必要になったときでも、話がしやすくなります。

認知症や筋力低下の予防もできる

たとえば、「要支援」でも日帰りで施設に通う「デイサービス」が利用できます。

しかも利用料は、1割負担の場合で要支援1は月額1798円（週1回利用）要支援2は月額3621円（週2回利用）とリーズナブルです（食費等は別途負担）。

食事や入浴だけでなく、認知症予防に役立つレクリエーションや筋力低下を防ぐ体操など、その人にあったプログラムを受けられるのも魅力です。栄養状態や咀嚼・飲み込む力の改善に取り組んでいる施設もあります。家族やケアマネと情報共有をしながら対応してくれるので安心です。

介護保険料は65歳以上でも支払う義務があり、年金受給者は年金から徴収されています。年金を受け取っていない人は、自分で納付しなければなりません。

風邪やケガで病院に行くことにためらいがないのと同じで、必要なときに介護保険のサービスを受けることに躊躇したり、引け目を感じたりする必要はありません。要介護認定が出れば、いろいろなサービスが受けられるのですから、しっかり利用しましょう。

・バスや電車で外出するのが不安だ
・階段を手すりや壁をつたって昇り降りするようになった
・浴槽の出入りがつらくなってきた
・お茶や汁物を飲むときによくむせる
・電話をかけたり、リモコン操作がおっくうだ

このような症状があれば、「要支援1」以上がつく可能性があります。地域包括支援センターで、相談してみてください。

介護サービスが必要になったときに、その人にとって適正な要介護認定を受ければいいのです。早めの対策をとっておきましょう。

[要介護度別の1カ月あたりの利用限度額と自己負担額]

(1割負担。下記の金額は基本料金で、別途、デイサービスやショートステイでの食費や住居費が10,000 ~ 70,000円かかる)

◉ 担当：地域包括支援センター等	利用限度額	自己負担額
要支援1	50,030円	**5,003円**
要支援2	104,730円	**10,473円**

◉ 担当：居宅介護支援事業所	利用限度額	自己負担額
要介護1	166,920円	**16,692円**
要介護2	196,160円	**19,616円**
要介護3	269,310円	**26,931円**
要介護4	308,060円	**30,806円**
要介護5	360,650円	**36,065円**

第2章

「仕事を辞める必要はないんですよ」

介護と仕事を両立させる方法

「介護の大変さ、わかってほしい」

⬇

1人で抱え込まず、愚痴や弱音を吐ける相手や場所をつくる

「タクシーの運転士をしていましたが、同居している母の具合が悪くなり、昼間は通院の付き添い、夜間は食事の世話やトイレ介助など、介護に追われることが増えました。誰にも相談せず、1人でがんばっていましたが、睡眠不足がたたってミスが続いてしまい…。会社に居づらくなって辞めざるを得ませんでした」

Hさん（50代男性・アルバイト）は独身で、母親と2人暮らし。きょうだいとは離れて暮らしており、母親が体調を崩すようになっても、身近に助けてくれる人はいません。

初めのうちはなんとかなっていましたが、夜中に何度もトイレに起こされるようになってから、売上げの集計を間違えるなどのミスを連発。通常なら夜勤明けにとる仮眠もままならず、夜は夜で睡眠を中断されるため、かなり疲れがたまっていたのです。職場での人間関係もぎくしゃくしてきました。

決定的だったのは、大事な送迎の予約が入っていたのをすっかり忘れてしまったこと。以来、会社に居づらい雰囲気になり、退職願を出しました。運転中も眠気がとれず、このままでは事故を起こしかねないという不安もあったからです。

退職する際、所長に母の介護をしていると話したら、「ひとこと言ってくれれば何とかなったかもしれないのに…」と言われました。

タクシー業界は、勤務時間がある程度、自分で設定できるので、介護をしている人が多いそうです。実際、Hさんの営業所でも数人の同僚が介護中ということでした。知っていれば、会社にも相談でき、協力を仰げたかもしれません。現在はいろいろなサービスを利用して介護を続けながら、タクシー会社への復帰を目指して話し合いを進めています。

勇気を出して事情を説明し、孤立を防ぐ

介護をしている人は、孤独です。

その理由として、1つは、きょうだいや配偶者がいても、介護の当事者は1人だけというケースが多いこと。介護が大変だといっても、実際に世話をしていない人にはなかなか伝わらず、共感してもらえません。

もう1つは、Hさんのように介護をしていることを周囲に話さないからです。明るい話題ではないし、身内の恥をさらしたくない。疲れてもつらくても、自分の心にフタをしてがんばっている人が非常に多いのです。

相談しないから、ますます理解してもらえず、孤立してしまう。孤独だから、ストレスがたまり、さらに孤独が深まっていく。この悪循環です。

とはいえ、最初からまったく話さないわけではありません。

Hさんは、時間に融通の利く勤務体制で、話すタイミングがなかったという事情がありますが、普通は仕事を抜けたり、休んだりする際に、「母の具合が悪くて」などと伝えるものです。食事やトイレ介助の苦労を愚痴ることもあるでしょう。

ところが、キャリアへの影響を心配したり、恥ずかしさから言い出せない人は多く、たとえ言えたとしても、若い世代が多い職場ではまったく理解されなかったり、休まれると迷惑だという雰囲気が伝わってきたりします。それればかりか、「施設に預ければいいのに」といった反応が返ってくるとショックですし、とても傷つきます。

私も経験がありますが、「ああ、理解してもらえないんだ……」と落ち込み、一度、がっかりすると心のフタはさらに厚くなります。介護を話題にするのが怖くなって自分の中でタブー化し、ますます話せなくなってしまうものです。

でも実際、Hさんの場合、身近に介護をしている人がいたのです。職場で話題にしていれば理解者が見つかり、退職することもなかったかもしれません。

ネットの世界で発散する方法を見つける

私は、家族3人を21年間、1人で介護してきた体験がお役に立てば…とブログ「介護に疲れた時に、心が軽くなるヒント」をスタートしましたが、その反響は大きく、記事へのコメントやメールから、苦しんでいる方の多さに驚いています。

相談する相手がいない孤独感や弱音を吐きそうになる自分への嫌悪感など、つらさを赤裸々に訴える方が少なくありません。

匿名で投稿できるネットの世界は、正直な気持ちを打ち明けやすいからだと思います。身近に理解者がいない場合は、ＳＮＳなどで心情を吐露するのもいいでしょう。ネット上には介護関連のコミュニティが多数あり、無料で相談できる場所もあります。

また、ブログで日々の出来事や思いをつづってみるのもいいかもしれません。不特定多数の人に向けて情報発信するのは勇気が必要ですが、応援してくれる相手が見つかる可能性があります。つらい気持ちを1人で抱え込まず、心を解放する場所をつくっていきましょう。

人とつながることで救われる

介護をしている人は疲れています。

休みたい、眠りたい、泣きたい…。いろいろな思いを抱えてがんばっていて、心がやすらぐときがありません。でも、正直な気持ちを話してしまうと自分が保てなくなるような気がして、表面上は冷静を装い、心によろいをかぶせてしまうのです。

しかし、ピンと張りつめた糸はいつか切れます。うつ状態になっても、自覚がないままがんばってしまう人が多いのです。身体をこわしては介護どころではありません。

あなたの話を聞いてくれる人、メールをやりとりする人が1人でも2人でもいれば、心の風通しがよくなります。つらいときに少しでも寄り添ってくれる人がいる。それだけで、ずいぶん救われるものです。

＊＊＊

「誰にもわかってもらえない」と孤独を感じても、心にフタをしてはいけません。誰かに話しかけましょう。1度でわかってもらえなくても、何度も話すことでわかってもらえることがあります。

話せば、情報交換できる人や励ましてくれる人、介護経験のある人が耳を傾けてくれる可能性があります。弱音や愚痴を言える相手が1人でもいれば、かなり心がラクになるでしょう。

自分のつらい気持ちを我慢せず、ときには弱音や愚痴を吐いても大丈夫です。人とつながることをあきらめないでください。

「特別扱いはできないよ」

⬇

介護休暇をフル活用し、有給休暇は自分のために使う

「脳出血で母が倒れました。現在は入院中ですが、リハビリも必要でしょうし、退院後の生活はどうなるのか…。初めてのことで不安なのに、上司には〝大変なことはわかるが、特別扱いはできないよ〟と言われ、ショックを受けています」

Iさん（30代女性・会社員）は、近所で暮らす母親が倒れ、対応に追われています。幸い生命に別状はありませんが、医師からは後遺症が残りそうだと言われています。今までずっと元気だったので、家族にとっては突然のことでした。

他のきょうだいは仕事の関係で遠くに住んでいるため、近くにいる自分が動くしか

ないと思い、入院や手術に付き添うため、会社を何度か休みました。

上司には事情を説明し、理解を得ているつもりでしたが、これから介護保険の申請なども始まります。そんな矢先、上司に「特別扱いはできない」とクギを刺されてしまい、とても落ち込んでいます。

現時点での見通しをなるべく具体的に伝える

親がいつまでも健在ではないとわかっていても、いざそのときがやってくると家族は動揺します。これまで病気知らずで元気だった方であればなおさらでしょう。

できれば事情を理解し、配慮してほしいと思っているのに、上司の言葉から「助けてもらえないんだ」と感じて、Ｉさんはつらくなりました。

今後の対応で頭がいっぱいなのに「休まれるのは迷惑」というニュアンスの言葉が返ってくると、言われた側は「気づかってくれないんだ…」と感じて、つらい思いをします。でも、上司にしてみれば、「いつ休むのか」「いつ戻って来るのか」の見通しが立たないことは大きな不安材料です。いつ・どれぐらい・どんな理由で休むのか

——をきちんと「見える化」して報告しておきましょう。

家族に介護の必要性が出てきたときは、すぐに職場の上司に相談しましょう。事前に、現状を伝えておくことで、会社も急な休みのときの対応やスケジュールの調整をしやすくなり、お互いの安心感につながります。

伝えることで、自分も職場もリスクを分散することができます。職場への相談は、最悪な事態を避けるための「リスクマネジメント」だと捉えましょう。

一番避けたいのは、「どうせわかってもらえない」「助けてもらえない」と、最初からあきらめて相談さえしないこと。今後の見通しをなるべく具体的に伝えましょう。

付き添いや手続きで休むときは介護休暇を

介護がスタートする前には、入退院や通院の付き添い、地域包括支援センターや役所での手続きなど、手間と時間がかかることがたくさん出てきます。しかも、基本的には平日の日中の時間帯になるので、会社には「介護保険の手続きなどでお休みをいただくかもしれません」と事前に伝えておきましょう。

そして、このタイミングで休む際には、有給休暇ではなく「介護休暇」を申請しましょう。たった5日ですが、時間単位で使えるので通院時や要介護認定の訪問調査に活用できます。有給休暇を使わずに済むことは長期化しやすい介護の安心材料です。きょうだいがいる場合は、各自が申請して交代で対応すれば負担が集中しません。

◉介護休暇

- 家族1人につき年5日
- 対象者が2人以上であれば、年10日を上限に取得できる

介護休暇は、要介護状態にある家族の通院の付き添いなどのために設けられました。通院だけでなく、各種手続きなどで早退や欠勤をせざるを得ない人が多いからです。「家族1人につき年5日」という限られたものですが、時間単位の取得も可能です。介護が必要になって休むときはまずこの休暇を利用してください。

なお、介護休暇が認められる対象の親族は次のとおりです。

◉介護休暇が認められる親族の範囲（介護休業も同じ）

・配偶者（内縁の妻など「事実婚」も含む）
・両親および配偶者の両親
・子ども
・祖父母、配偶者の祖父母
・兄弟姉妹
・孫

介護休暇は、親だけでなく、配偶者や祖父母、兄弟姉妹も対象になります。「親の介護」という視点で見れば、実の子どもだけでなく、その配偶者、孫にも申請する権利があります。

２０１７年1月の改正後は、同居していない祖父母や兄弟姉妹などの介護でも使えるようになりました。なお、「介護休業」についてはＰ84から詳しく説明します。

有給休暇は自分のために使う

Iさんのように、突然、母親が倒れ、入院や通院、介護保険の申請などに奔走せざるを得なくなったときは、多くの人が有給休暇をとってしまいがちです。

でも、こうした介護の初期段階は、「介護休暇」を使うと便利です。

介護が本格化してくると、「介護休暇」の5日間だけでは対応しきれません。また、自分が介護から一時離れてリフレッシュする時間も必要になってきますから、そういうときのために「有給休暇」は残しておきましょう。

＊＊＊

「介護休暇（介護休業も同じ）」を取得できる条件は、「要介護2」以上あるいは、座る、歩く、着替える、排泄、入浴、服薬など、厚生労働省が定める日常生活動作12項目のうちの2項目以上に該当する場合です。

入院中でも、日常生活動作に問題があれば、「介護休業」の取得が可能です。自分が介護している人のレベルが「介護休業」に該当するのか？「介護休業」の申請にはどんな書類が必要なのか？人事に確認しましょう。

「時間も気持ちも余裕がない」

⬇

大きな変化やトラブルがあったら迷わず介護休業を取る

「母が倒れ、要介護4の車椅子生活になりました。これまでは介護サービスを利用しながら乗り切ってきましたが、今度は認知症の傾向が出始めて…。子どもがまだ小さく、妻は育児に手がかかるので、思い切って介護休業を申請しました」

Jさん（40代男性・会社員）の家庭は共働きで、妻は育児だけで手一杯。母親の介護の体制を整えるには、Jさんが介護休業を取得する以外に選択肢はありませんでした。最近は、Jさんのように、介護と育児が重なるダブルケアに悩む人が増えてきています。骨折やケガ、病気の悪化など状況が急変したときは、「介護休業」を申請しましょう。

介護休業を知っておく

「介護休業」とは、家族が2週間以上、「常時介護」が必要になったとき、一定期間、仕事を休める制度です。介護休暇と違い、まとまった期間、仕事を休める点がメリットです。以前は、1カ月ずつなどの細切れ申請は認められていませんでしたが、2017年1月からは3回まで分割して取得できるようになりました。

たとえば、介護の体制を整えるために1カ月、症状が悪化したときに1カ月、看取りのために1カ月というふうに、状況に応じて取得できるようになったのです。

◉介護休業

・対象となる家族1人あたり最大93日まで1回かぎり（対象はP82参照）

介護休業中も基本的に無給ではありません。雇用保険の枠組みで、介護休業給付金

（休業前の賃金の67％）が支給されます。しかし、総務省「平成24年就業構造基本調査」によれば、介護しながら働く人のうち、介護休業の利用者は3・2％。まだ広がっていないのが残念です。

介護休業は取得するタイミングが大事

介護休業の取得率がまだ低いのは、取るタイミングがむずかしい点も原因の1つです。看取りのために取っておきたいと考える人が多いからです。しかし、仕事と両立させるためには、介護の体制を整えるために休むという決断も必要です。

脳出血や脳梗塞で倒れると、身体マヒなどの障害が残ることが少なくありません。私の母もそうでした。退院したとはいえ、トイレ、食事、お風呂すべてに介助が必要で、ほぼ寝たきり。

本人の状態が入院前とはまったく違っていますから、落ち着くまでにある程度は時間がかかるだろうと判断し、3カ月まとめてとりました。前半は完全休業2カ月、後半は時短勤務1カ月というスタイルです。

また、認知症の祖母の時には、次のように3回に分けて休みました。

- 1回目：骨折で約3週間
- 2回目：認知症になり、夜中に騒ぎ出すことが多くなったときに約1カ月
- 3回目：認知症が進んで階段から落ち、骨盤を骨折したので約1カ月

骨折の場合は回復の見込みがあるので短めでもいいと判断しましたが、認知症の場合は症状に波があることが多いのです。

どのタイミングがいいかは、ケアマネジャー（以下ケアマネ）や医師と相談しながらですが、夜間対応が増えると寝不足になり、疲労がたまるものです。自分が疲れすぎないためにも、大きなトラブルや変化があったときは、迷わず介護休業を一定期間、取ってください。

要介護者の容態が安定するまで、先の見通しはなかなか立たないものですが、一般的には、次のような期間が1つのめやすと言われています。

- 要介護認定がおりてからケアプランが決まるまでに➡1カ月
- 介護サービスがスタートして落ち着くまでに➡3カ月
- 介護する人とされる人の両者が慣れるまでに➡6カ月

介護と仕事を両立しやすい制度が始まった

Jさんは、介護休業を終え、職場に復帰することになりました。とはいえ、介護が終わったわけではありません。

Jさんは93日間の介護休業をまとめて取りました。当時の制度では分割取得ができず、約3カ月休めるのはありがたかったのですが、認知症の介護に対しては短すぎますし、使い切った後の対応は大きな課題です。

実際、介護休業後、職場復帰したものの、仕事との両立がむずかしく、離職してしまう人は少なくありません。

Jさん自身、「これ以上、介護の負担が増えたら、どうなるのだろうか?」と不安に思っていたところ、2017年1月から、「対象家族の介護のための所定労働時間の短縮等の措置」という新しい制度が始まりました。

要介護状態の家族がいる場合、3年間に2回以上、時短勤務やフレックスタイムなどを選択できる制度で、概要は次のとおりです。ただ、会社として1~4のどれをサポートするかは、企業にゆだねられています。

◉対象家族の介護のための所定労働時間の短縮等の措置

1．短時間勤務の制度

a　1日の所定労働時間を短縮する制度

b　週または月の所定労働時間を短縮する制度

c　週または月の所定労働日数を短縮する制度

（隔日勤務や特定曜日のみの勤務など）

d　労働者が個々に勤務しない日、または時間を請求することを認める制度

2．フレックスタイムの制度

3．始業または終業の時刻を繰り上げ、または繰り下げる制度（時差出勤の制度）

4．労働者が利用する介護サービスの費用の助成、その他これに準ずる制度

この新しい制度は、3年間という従来より長い期間が認められたこと、労働時間の短縮や時差出勤、隔日勤務、フレックスタイムなど、要介護者を抱える人の事情にあわせてフレキシブルに選択できる点がメリットです。3年の間に介護休業をはさみながら、短時間勤務や時差出勤などを組み合わせることも可能です。

これは、介護離職を防ぐために導入された画期的な制度といえるでしょう。

職場復帰後は「時差出勤」を選択

Jさんは、職場復帰するにあたり、「8時出社、16時退社」という今回の制度の「3」にあたる時差出勤を選びました。そうすれば、母親の朝の送り出しは妻にまかせ、デイサービスからの迎えはJさんが担当する、という役割分担ができます。

取引先の担当者とは、SNSでつながっているため、事前にアナウンスしておき、復帰の挨拶時に勤務時間を繰り上げることを伝えました。営業という仕事柄、夕方以降の問い合わせなども少なくありませんが、メールの署名欄に勤務時間を明記し、退社後の問い合わせについては同僚にフォローを頼むようにしました。

Jさんはチームリーダーという立場ですから、休む前は長期間現場を離れることにためらいがありましたが、早めに手を打ったことは正解でした。会社側にプライベートな事情を理解してもらえ、「母が熱を出した」「ベッドから落ちた」など突発的な休みの際にも周囲の協力を仰ぎやすい体制をつくれたのです。

Ｊさんの家庭の事情は周囲に伝わっていて、心配したトラブルもとくにありません。早朝の出社はラッシュも避けられますし、時間を意識することで、仕事の効率もよくなりました。これなら、うまく両立ができそうだとホッとしています。

また、早く帰宅することで、小学生の娘と遊ぶ時間が取れます。Ｊさんが娘の相手をするため、結果的に妻の負担を減らすことにもつながりました。

「以前は子どもと接する機会がほとんどなかったけれど、介護をきっかけに子どものコミュニケーションが増えて、とても満足している」とＪさんは言います。

＊＊＊

介護離職がクローズアップされ、介護休業や介護休暇の制度は少しずつ知られてきましたが、新しく導入された「対象家族の介護のための所定労働時間の短縮等の措置」は、これから活用されていく制度です。

定時出社やフルタイム勤務がむずかしくても、始業や終業時間の繰り上げや繰り下げをするだけで、かなり仕事を続けやすくなります。

介護は状況がどんどん変わりますし、１人で解決するには限界があります。総務や上司に相談しながら、介護と両立できる勤務体制を見つけてください。

「たびたび休まれるのは困る」

⬇

深刻な事態になる前に上司と人事に相談しておく

「父が倒れ、母のサポートをするため、たびたび愛媛の実家に帰っています。週末だけでは限界がありますし、正直かなり疲れてきました。本当はしばらく会社を休んで介護の体制を整えたいのですが、なかなか言い出せなくて…」

東京在住のKさん（50代男性・会社員）は、老老介護が始まった両親が心配でほぼ毎週、帰省しています。しかし、仕事もある中、東京と愛媛の往復は大変で、時間的にも肉体的にも経済的にも、負担が大きくなってきました。

今のところ父親の容態は安定していますが、いつ急変するか、わかりません。

母親も高齢で持病があり、無理はききません。自分が一定期間、会社を休んで、今後の対応をケアマネとしっかり相談したいと考えていました。

しかし、仕事のことを考えると、管理職でもあるKさんは、「まわりに迷惑をかけられない」と感じてなかなか踏み切れません。会社にプライベートな事情を打ち明けることにもためらいがありました。

私はKさんに、直属の上司と人事の両方に相談してみることを勧めました。事情をきちんと理解してもらい、会社側の協力を得るほうが結局、Kさんのためになると考えたからです。

急に休まれるより、事前にわかっていたほうがいい

出産や育児であれば、いつ頃仕事を休み、いつ頃復帰できるか、おおよそのめやすがつきます。しかし介護では、いつ始まり、いつまで続くのか、といった先の見通しが立ちません。

「どのタイミングで相談すればいいいんだろう?」と迷ったまま、「キャリアへの影響

が心配」「1人で解決したい」「相談するのは甘えだ」「まだ大丈夫」と感じて、相談することをあきらめてしまうのです。

とくに介護する人が男性の場合、病気の親を抱えていては「責任ある仕事がまかせられない」「使えない人材だ」と判断されるのではないか？　と、査定や評価に響くことを心配し、相談をためらう方も多いようです。

ところが、人事担当の方とお話をすると、介護離職を避けるために、できるだけサポートしたいと考えている企業が思いのほか多いのです。しかし、介護についての相談はほとんどなく、企業も実態を把握し切れていないのが現実です。

事情がわかれば会社の協力を得やすい

介護する側は自分の立場で判断しがちですが、Kさんのようなベテラン社員は会社にとっても貴重な戦力ですから、離職されてしまうのは大きな損失です。深刻な事態になる前に会社側に相談し、まず自分の事情を理解してもらうのが得策です。

迷っていたKさんでしたが、思い切って上司に相談すると、じつは上司自身も遠距離介護の経験があったのです。そして、「正直、人手が足りない今、欠員が出るのは厳しい。でもどんなことをしても応援するから、安心して休みなさい」と、介護休業を取るように勧めてくれました。

人事から「介護問題を抱える社員のモデルケースとしてできるだけバックアップしたい」と背中を押してもらったことも、介護休業に踏み切る決め手になりました。

Kさんは、約3週間の介護休業を申請して実家に帰省。日中過ごすためのデイケアの施設、リハビリや宿泊ができる施設を見学し、ケアマネと対策を話し合いました。その後、母親も父親も納得できるケアプランが作成でき、Kさんは安心して仕事に復帰しました。

同僚とは、ランチでコミュニケーションを図る

上司との関係や人事への報告も大事ですが、同僚とのふだんからのコミュニケーションも重要です。

介護する人は、自分の事情を理解してもらいたいものです。しかし、介護を経験し

ていない人には、介護をしている人の状況や苦労はわからなくて当然だということを、忘れてはいけません。

職場の同僚に「わかってもらえない」「助けてもらえない」と感じたときは、何がどう大変なのかを具体的に言いましょう。たとえば、こんな感じで伝えます。

「最近、母の認知症が進み、やかんを空焚きすることも増えて、1人にするのが怖いんです」

「デイサービスのお迎えが9時半なんです。私が出勤してしまってからお迎えが来るまでの2時間をどうケアするかを今、ケアマネさんと相談中ですが、なかなかいい方法が見つからなくて困っています」

介護が始まると、どうしても時間に追われるため、同僚との接点はどんどん少なくなっていきます。私も、朝はギリギリに出勤し、ランチの時間を削って仕事をこなし、定時に退社する毎日でしたから、歓送迎会や忘年会など職場の親睦会はすべて欠席していました。同僚と世間話どころか挨拶を交わす余裕もありません。

最初はあまり気にしていませんでしたが、いつの間にか、気軽に話せる人がいなくなり、自分の居場所がないと感じるようになっていました。

「このままではまずい」と思った私は、せめてランチは同僚と一緒にするように心がけました。でも最初は、同僚の輪の中に入っても、緊張して何も話せません。「この時間に仕事を片付けられたら、後がラクなんだけど…」という、貴重な時間を無駄にしているような苦しい気持ちと居心地の悪さを感じていました。

しかし、同僚が語る子育ての悩み、ご近所付き合いのトラブルなどを聞いているうちに「介護をしている自分だけが大変じゃないんだ」とわかりました。

そして、私も介護の悩みを少しずつ話すことができるようになったのです。

すると、「そうか。橋中さん、それはホント大変ね」と介護の苦労が伝わる瞬間が生まれ、少しずつ同僚との距離が縮まっていきました。

この経験をきっかけに、時間がない中で、同僚とどうコミュニケーションをとるかを考えるようになりました。

挨拶をすれば人間関係が修復できる

そして、たどり着いたのは、「挨拶」というじつにシンプルな方法でした。

時間がないときは、「おはようございます！」「お疲れさまでした！」を笑顔で言ったり、余裕があれば、「いつも助けてくれてありがとう！」「昨日はほんとうに助かった！」と一言、感謝の気持ちを添えるよう心がけました。

そうやって自分からコミュニケーションのボールを投げ始めて、しばらくしたある日、想像もしていなかったことが起こりました。

「最近どう？　ちゃんと眠れているか？　何かあったら、いつでも相談に来なさい」と上司から、声をかけられたのです。

じつは、職場のコミュニケーションが取れていなかった頃、初めて取った介護休業から復帰したとき、「これ以上、職場に迷惑をかけるなら、辞めてもらっていい」と、厳しい言葉が飛んできましたから、その後、なんとなくギクシャクした関係が続いていました。その上司が「いつでも相談に来なさい」と声をかけてくれたのです。

「職場でコミュニケーションが取れるようになった！」「自分の居場所が取り戻せ

た！」と飛び上がるほどうれしかったことを覚えています。

ささいなことですが、笑顔と感謝の挨拶によって、一時は「修復はむずかしいかもしれない」と思っていた職場の人間関係が大きく変わりました。


「挨拶なんかで、ほんとうに変わるの？」

「いつも挨拶しているけど、全然よくならないよ！」

と感じている方は、まず相手の目を見て、笑顔で挨拶することを試してみましょう。

＊＊＊

介護について会社の理解を得るには、直属の上司だけでなく、人事担当者にも話を通しておくと、スムーズです。「人事に相談すると査定に響くのでは？」と心配するかもしれませんが、「介護離職」は企業にとっても防ぎたい大きな課題。「家族を守りながら仕事も大切にする」環境を提供したいと考えている会社は少なくありません。

事前に状況がわかれば、配慮してもらえる可能性が高くなりますし、他の社員の事例なども聞けるかもしれません。深刻な状況になってからでは遅いのです。会社独自の制度を設けている企業もあるので、心配な方は早めに人事に確認してみましょう。同僚とのコミュニケーションには、ふだんから笑顔と感謝の挨拶を大切にしましょう。

「介護中の親が骨折した！」

⬇
緊急事態が発生したら、すぐ介護認定の見直しを

「認知症を患う要支援2の祖母が、骨折しました。高い場所に置いてあった物を取ろうとして踏み台から落ちたらしいのです。〝痛い痛い〟と言うものの、最初はよくわからなくて…。何度か通院するうちに、肋骨が折れているだけでなく、脊柱圧迫骨折をしていることもわかりました」

Lさん（30代女性・薬剤師）は、祖母の住まいとスープの冷めない距離で暮らしています。母親は健在ですが、祖母との仲が悪いため、孫のLさんが介護をしています。

1人暮らしの祖母は80歳を過ぎて、認知症の傾向が出てきました。「要支援2」と

診断され、週に数回、デイサービスに通っていましたが、日常生活はそれほどサポートしなくても大丈夫だったのです。

ところが、ある日、踏み台から落ちてしまいました。誰もいない時間帯だったので、本人に聞いても、状況がよくわかりません。何度も検査をしてようやく、肋骨が折れていること、落下の衝撃で脊柱圧迫骨折まで引き起こしていることが判明しました。

脊柱圧迫骨折とは、背骨が押しつぶされるように変形してしまう骨折で、高齢者、とくに女性に多く見られます。骨《こつ》粗《そ》鬆《しょう》症《しょう》で骨がもろくなっていると、尻もちをついたり、重い物を持ち上げたり、あるいはくしゃみや寝返りといったちょっとしたきっかけで、いつのまにか骨折していることもあります。

脊柱圧迫骨折の場合、入院ができず、自宅療養になることもあります。ひどい痛みを抱えたままコルセットで固定して、ベッドで安静にしているしかありません。骨がくっつくまで、1カ月ほど安静にする必要があります。

今までは、身のまわりのことは自分でできたのに、ほぼ寝たきりの状態になってしまい、Lさんはパニックになっていました。

要介護認定は何度でも見直しができる

私は、すぐにケアマネに連絡するように伝えました。状態が変わったのですから、要介護認定も見直しが必要です。認知症だけのときと違って、身体介護もプラスされますし、介護ベッドやポータブルトイレの手配なども必要になってきます。

幸いケアマネの対応は早く、Lさんの祖母は「要介護3」と認定されました。訪問介護や訪問看護、訪問リハビリの回数を増やし、サポートしてもらえば、なんとかやりくりできそうです。福祉用具の手配もスムーズでした。その後、少しずつ回復し、家の中は自力で移動できるようになりました。

Lさんの祖母は自宅で療養しましたが、痛みがあまりにもひどくて動けない状態であれば、入院が必要なこともあります。主治医やケアマネに相談してください。

ケアマネが動かないときは地域包括支援センターへ

Lさんの祖母のように、はっきりした原因があるときは説明しやすいのですが、症状が進行していると、家族にはわかっても外部の人は変化に気づかない場合があり、ケアマネから「歳相応の変化ですよ」と言われてしまうこともあります。とくに認知症の場合、日中と夜間の落差が激しく、ケアマネと話しているときはしゃんとしているのに、夜になると騒いだり、動き回ったりするケースは珍しくありません。

もし、ケアマネに状況がわかってもらえないと感じたら、地域包括支援センターに相談してみましょう。ここには医療、介護、福祉の専門家がそろっていますし、有効なアドバイスがもらえます。家族だけで解決しようとせず、積極的に助けを求めてください。

＊＊＊

介護されている人がすでに要介護認定を受けている場合、３カ月〜２年ごとに見直しがありますが、Ｌさんの祖母のようなケースでは、そのタイミングを待っていられません。

緊急対応で「区分変更」を申請すれば、状況に合った適切な介護度に変更してもらえる可能性があります。状況が変化した場合は、「まずはケアマネに相談。ダメなら地域包括支援センターに相談」して、絶対あきらめないでください。

「もう疲れた、会社辞めたい…」

⬇

トラブルの真っ最中に、大きな決断は避けよう

「子どもが保育園のときに母が認知症になり、頻繁に電話がかかってくるようになりました。私の携帯だけならいいのですが、会社にまでかけるようになってきて…。育児休業を取ったばかりという負い目もあったので周囲に言うことができず、子育てとの両立にも疲れて、退職してしまいました」

Mさん（40代女性・自営業）は、大手企業に勤務するキャリアウーマンでした。最年少で管理職になり、結婚・出産後もずっと働くつもりでがんばっていました。

ところが、母親が認知症を発症し、状況が一変してしまいました。

まだ「要支援1」で症状としては重くなかったのですが、日中1人でいるのが不安なのか、仕事中でも頻繁に電話してくるようになりました。

「いま思えば、上司にひとこと相談するだけでも違っていたかもしれません。しかし、まだまだ会社は男社会ですし、育児休業を取得したばかりの身です。自分のプライドもあって周囲に事情を打ち明けられず、『母の介護のために休みたい』と言い出すこともできませんでした」

とMさんは、当時を振り返ります。なによりMさん自身、培ったキャリアを中断することが怖かったそうです。

さんざん悩んだ末に、Mさんは退職を選びましたが、結果的には子育てと介護に専念することができ、その点では満足しています。

その後、介護保険サービスをフル活用し、現在では、自分で事業を立ち上げ、子育てと仕事に充実した日々を過ごしています。

しかし、何の対策も取ろうとせず、あっさり退職の道を選んでしまったことを反省しています。もし、あのとき「助けて」と言えていたら、違う選択肢もあったのではないか？　それにトライしなかった自分の判断にはいまも後悔しているそうです。

介護離職をした人の大半が会社に相談していない

平成24年度の厚生労働省委託調査「仕事と介護の両立に関する労働者アンケート」によると、介護離職した人の6割が「仕事を続けたかった」と後悔しています。

辞める前は、介護と仕事の両立で心身ともに消耗しきっています。過労死のケースもそうですが、人間は燃えつきると思いもよらない行動をとることがあります。

最初は周囲に相談して乗り切ろうとしていた人も、度重なるトラブルに疲れ、

「これ以上、職場に迷惑をかけられない」

「辞めればラクになれる」

と、思いつめてしまうのです。

そういう考えが頭をよぎるようになったら、疲れが相当たまっている証拠。心身の危機だと自覚して、自分の気持ちをリセットするためにも、勇気を出していったん休んでください。

介護と仕事が両立できている人のほとんどは、職場に相談することに抵抗感がありませんでした。あるいは、すぐに理解してもらえなくても、繰り返し相談することで、

サポートが受けられるようになったケースもあります。

職場の理解が得られると、心の負担が少なく、無理せずに済みます。

一方、介護離職する人の大半が、職場に十分相談しないまま辞めています。相談しなければ、同僚や上司からのフォローも得られず、配慮されることもありません。

事情を打ち明けないまま1人で抱えこんでいると、「周囲が察してくれない」「大変なのに誰も助けてくれない」というつらい気持ちがつのるばかりです。

たとえ最終的には辞めることになっても、介護休暇、介護休業、有給休暇など、労働者の権利をすべて使い切ってからでも遅くはありません。

一度、しっかり休んでから、今後のことを考えてください。

介護離職すると経済的なリスクが大きい

現実問題として、退職してしまうと、収入源がなくなってしまいます。

親の年金や貯金で生活していけるとしても、経済的には厳しくなるでしょう。

介護が終わってから勤めようとしても、中高年の場合、再就職はむずかしいですし、条件面が悪くなってしまうことが多いものです。

親と同居したり、親の近くに住むからといって、ラクになるわけではありません。遠距離介護に疲れて実家にUターンする人もいますが、地方での就職はきびしく、無職の期間が長くなれば、将来、自分が受給する年金も減ってしまいます。都心から地方の実家に帰るほうが介護しやすいと安易に決めず、交通の便はどうか？　給与はどうか？　なども含めて検討してください。

経済的な面では、介護離職はデメリットのほうが大きいのです。

自分の生活が守られ、経済的な基盤がしっかりしているからこそ、親の生活を支えられるのではないでしょうか。

離職の先に待っているのは介護だけの生活

なにより心配なのが、離職すると介護のみの日々になってしまうことです。

勤めているときは、「仕事がなければ十分に世話ができるのに」「もっと時間に余裕ができるだろう」と思いがちですが、現実にはけっして負担が軽くなるわけではありません。
介護に専念するために退職したのに、同居する家族がいると介護サービスによるサポートが以前より制限されるため、介護する人の負担はさらに増え、大変になる可能性もあるのです。

＊＊＊

仕事と介護の両立が大変だと感じたときほど、辞めないでください。一時的に仕事より介護を優先しなければならない時期もあると思いますが、その際は、現在の職場で「介護休業」を利用して乗り越えましょう。

職場に行けば、同僚と雑談したり、ランチをしたりするでしょう。あるいは、通勤で電車に乗ったり、外を歩いたりするだけでも気分転換になります。

こうした、介護から離れた時間を持つことが、介護を長く続ける秘訣です。

でも、退職してしまえば、その時間すら取れません。

「もう辞めてしまいたい」と思ったときは、休む勇気をもってください。

仕事ができる環境を守ることが、自分にも介護される家族にも、メリットが多いことを覚えておきましょう。

教えて介護保険 2

「要介護2」より「要介護3」のほうが使えるサービスの幅が広がる

「要介護1～5」で受けられるサービスは同じ

訪問介護など在宅で受けられるサービスの内容は、「要介護1～5」で基本的にほぼ同じです。料金も変わりません。ただし、要介護度があがるにつれて利用限度額（P70参照）が大きくなるので、回数を増やしたり、組み合わせの選択肢を増やしたりできます。

「要介護1」は日常動作の能力が低下しており、部分的に介護が必要な状態です。「要介護2」はそれに加えて排泄や食事、立ち座りなどにも介護が必要な状態と定義されていますが、サービスの内容に大きな差はありません。デイサービスの利用を週1回増やせる程度でしょうか。

しかし、「要介護3」になると、さらに介護が必要になります。たとえば、認知症の場合、症状がだいぶ進行して、毎日の日課や自分の生年月日、ついさっきまでしていたことがわからなくなってしまいます。自分の名前まであいまいになったり、物忘れがひどく、周囲に気を配れなくなってきます。

昼夜逆転や暴言、暴力、大声や奇声をあげるといった行為、介護を受けるのをいやがるなどがみられ、家族の手に負えなくなってくることもあります。

「要介護3」で受けられるサービスは市区町村によって異なりますが、具体的にどんなサービスを利用できるのか、ケアプランの一例を紹介します。

◉排泄、入浴、清掃、身だしなみを整える、着替えに介助が必要なので、夜間や早朝の巡回型訪問介護サービスを1日2回、利用できる

◉医療の必要度が高ければ、週3回の訪問看護サービスを利用できる

◉認知症の問題行動が多く見られる場合は、デイケアかデイサービスを毎日、利用できる

「要介護1」と「要介護2」はあまり変わりませんが、「要介護2」と「要介護3」では受けられるサービスにかなり違いがあります。要介護認定は定期的に見直されるので、症状が悪化した場合は遠慮せずに伝えましょう。

「要介護3」から特養に申し込める

「要介護2」と「要介護3」の違いで一番、

大きいのは、特別養護老人ホーム（特養）に申し込めるという点です。２０１５年４月の制度改正で特養の入所条件がきびしくなり、原則として「要介護３」以上が対象になりました。

「要介護３」と認定されればいつでも申し込めるので、施設介護が現実的になってくる点が「要介護２」と違うところです。

特養は終身利用できる介護施設で、看取りまで対応してもらえます。比較的費用が安い点でも人気があり、数百人待ちという施設もありますが、以前に比べて入所しやすい地域も増えています。

「在宅ではもう無理だ」と思ったときは、特養に申し込める。その心理的な安心感が家族にとってはもっとも大きいでしょう。

[おもな介護サービスの利用料金（要介護1～5、1割負担の場合）**]**

◉ 身体介護（入浴介助、オムツ交換、着替えなど）

20 ～ 30分未満	244円～
30分～ 1 時間未満	387円～
1 ～ 1.5時間未満	567円～

◉ 生活援助（掃除、洗濯、料理などの家事）

20 ～ 45分未満	179円～
45分以上	220円～

◉ 訪問看護（排泄・入浴の介助、在宅酸素、カテーテル管理など）

20分未満	313円～
30分未満	470円～
30分～ 1時間未満	821円～
1 ～ 1.5時間未満	1,125円～

第3章

「家族だからって辛抱しなくていいんですよ」

家族間のトラブルを解決する方法

「あの親の介護をなぜ私が？」

⇩ 関係がよくない親なら、愛ある介護じゃなくていい

「3人きょうだいの末っ子です。成績のよい姉や兄は母から可愛がられていましたが、私は彼らと比べられてばかりで〝お前はダメだ〟と言われて育ちました。そんな私がなぜ今、母の介護をしているのか…。幼いときのことを思い出すとかなり葛藤があります」

Nさん（50代女性・主婦）は、脳出血で倒れた母親の世話をしています。姉や兄はすでに家を出てしまい、結婚後も実家に残っていた彼女が介護をせざるを得ません。娘の義務だと思う半面、3人きょうだいの中で一番、可愛がられなかった自分が介

護を担っていることを理不尽に感じています。

母親は認知症の傾向もあり、今でこそNさんに頼っていますが、以前はケンカが絶えず、出来のよい姉や兄と比較され、子どもの頃はつらい思いをしてきました。

そんな自分に世話をさせている母親に腹が立ち、憎しみを感じることもあります。昔のことは水に流して、大切にしてあげようと思う半面、なかなか怒りが抑えられないのです。「こういう気持ちのまま、介護をしていては、いつか爆発してしまうのではないか」とNさんは自分自身が怖くなるのでした。

マイナスの感情を無理に抑え込まない

私も3人きょうだいですが、勉強ができる姉と知的障害を持つ弟の間にはさまれ、母にも祖母にもあまり可愛がられず育ったため、Nさんの気持ちはよくわかります。

私はいつも、介護のつらさや苦しみについての相談を受けると「その感情を決して否定しないでください」と伝えます。

心理学者スティーブン・ギリガンの言葉に、「すべての自分を招き入れる」というものがあります。怒る自分、悲しむ自分、いらだつ自分――そんなマイナスの感情を無理に抑え込もうとせず、まずは認める。ネガティブな部分も否定せずに、心の中に居場所をつくってあげるのです。

私も祖母を介護中、とてもイライラして思わず怒鳴りつけてしまったことがありました。大人げない自分に落ち込み、恩師に相談すると、

「よかったね。イライラした感情が爆発して表に出せたんだから」

と意外な返事が返ってきたのです。びっくりしていると続けてたずねられました。

「もし、爆発していなかったら、どうなっていたと思う?」

私はゾッとしました。もしかしたら祖母に暴力をふるっていたかもしれない。あるいは、自分で自分を傷つけてしまったかもしれない。

それぐらい強い怒りを抑えこんでいたことに気づきました。

自分を否定せずに発散していく

元気だった親が弱っていく様子は、見るだけでもつらいものです。

そのうえ、親に対してよい思い出がないのに、愛ある介護をしなければと思う。その矛盾に耐えられず、葛藤が生まれるのは当然です。

介護がつらくなると、「私が未熟だから」「私は冷たい人間です」という言葉を口に出す人は少なくありません。しかし、決して本人のせいではありません。介護に疲れ、余裕がないせいで、自分を責めてしまうのです。

それに気づくには、誰かに相談することです。やり場のない気持ちを、ノートに書き殴るという方法もあります（P147参照）。あるいは、人のいないところで大声で叫ぶ、カラオケボックスで思いっきり歌い、泣く…。

「きょうだいに対しても、介護の大変さや苦労をストレートに訴えてください。同居しているNさんだけが介護を担わなくてもいいはずです。不満はどんどんぶつけて発散してください。お母さんに対しても、必要以上に遠慮する必要はありません」

とNさんにはアドバイスしました。

親が要介護になると「弱い人」「守らなければならない人」と思いこんでしまいがちですが、たまにはケンカをしたっていいのです。「一生懸命やっているのにわかってもらえなくてつらい」と、苦しさやさびしさをそのまま伝えましょう。

子どもの頃に別れた親の面倒は見なくていい

離婚して疎遠になった親、失踪して音信不通だった親が病気になり、突然、病院や役所から連絡がきたというケースもあります。

いくら血がつながった親でも、何年も会わず、交流がなかったわけですから、なかなか介護をする気持ちにはならないのではないでしょうか。

経済的に余裕があれば、介護に関わる費用だけを負担する。余裕がなければ、申し訳ないが、援助はできないとお断りする。そういう対応でもいいのです。

中には、幼い頃に失踪した父親が倒れたという連絡が入り、母親と一緒に力をあわせて、介護したというケースもあります。

ほかにも、仕事一筋で母親を泣かせてばかりだった父親が50歳で末期ガンの宣告を受けたことがきっかけで、子どもの頃から「おはよう」の挨拶すら交わさなかった息子が、最後の1カ月を一緒に過ごす中でフィアンセを紹介したり、将来について語ったりしたことで「看取りができて幸せだった」というケースもあります。

このように、介護を通じて家族の絆を取り戻せた幸せな事例もたくさんあります。

しかし、つらい気持ちを我慢してまで「子どもだからがんばらなければ」と考える必要はありませんし、いったん関係がとだえた親の介護を引き受けるのは子どもの義務ではありません。世間体を気にすることなく、自分の感情に正直になって、できることだけをする。あるいはできないと伝える。誰に何と言われようが、あなたの気持ちを一番に守ってください。

＊＊＊

親子関係にわだかまりをもったまま、親の介護に向きあう人は少なくありません。きょうだいがいても、親と一番ソリがあわなかった人が介護を担わざるを得ないケースもよくあります。介護自体が大変なのに、自分自身の中にある怒りや悲しみと向きあわなければならない。とてもつらいことだと思います。

でも、そういったマイナス感情も、あなたの大切な心の一部です。無理に抑え込もうとすると必ず爆発してしまいます。自分より弱い立場の人に向けての虐待になったり、介護うつの引き金になったりします。まずは自分の感情を正直に認めましょう。

そして、自分の気持ちを素直に「出す」ことで発散させてください。

「私1人に押しつけないで！」

↓

きょうだいとは得意なことを分担、親戚はイイトコどりで

「父が脳梗塞で倒れ、近くに住む私が介護をしています。姉や弟は離れて暮らしているので、たまに顔を見せる程度。ほとんど手伝ってくれません。同じきょうだいなのに、貧乏くじを引いているようで腹が立ちます」

Oさん（50代女性・主婦）は、3人きょうだい。1人暮らしの父親が脳梗塞で倒れて以来、世話をしています。他の2人は地元にはいないため、結婚後も実家の近くに住んでいる彼女にお鉢がまわってきました。

もともとお父さんっ子で、面倒を見るのは仕方がないと思う半面、パートの仕事を

辞め、生活のリズムがすっかり変わってしまった自分と比べ、今までどおり暮らしているきょうだいを見ると、「なぜ私だけが」と怒りがわいてきます。

帰ってきたときも「大変でしょう」と口ではねぎらってくれるものの、オムツ替えひとつしてくれるわけでもありません。それなのに、食事の内容に口を出したり、「庭の雑草、なんとかしたほうがいいんじゃない？」といったチェックだけはします。

介護をしている人の大変さを理解していない発言を聞くと、気持ちが揺れるものです。でも、姉や弟が顔を見せると、父親は喜びます。その様子にも腹が立ち、「ほんとうの苦労なんてわかってないくせに！」と毒づきたくなるのです。

離れていてもできることを頼んでみる

Oさんのようなケースはよくあるパターンです。きょうだいがいても結局、介護するのは同居している人、距離的に実家に近い人になってしまいます。しかもほとんどが女性です。理不尽に感じることもあるでしょう。

しかし、実際問題として、離れて暮らしているきょうだいに父親の介護をお願いするのは無理です。こういう場合は介護の分担を期待するのではなく、発想を変えて、自分がラクになるようなことをお願いしてみてください。

たとえば、買い物。時間的に余裕がないので、あれこれ選びながら買うこと自体が負担です。介護用品は近くで売っているとは限りませんし、とくにオムツはかさばるので、持ち帰るのも大変ですから、実家に来るときに買ってきてもらったり、ネット通販で手配し、料金を負担してくれるだけでも助かります。介護に便利なグッズを提案してもらうのもいいでしょう。

盲点なのが高齢者用の衣類です。ラクに脱ぎ着ができる肌着や服が身近では意外と売っていないものです。部屋着や寝間着、病院やデイサービスに行く際のちょっとした外出着など、手頃な価格で洗濯がしやすい素材の衣類を頼んでみてください。相手が具体的な行動ができるようにお願いするのがポイントです。

段階を踏んで介護に巻き込んでいく

また、しゃれたスイーツなどのおみやげよりも、卵や牛乳などの食品、その日の食材などを買ってきてもらうほうがよほど助かるものです。ついでに調理もお願いできれば負担が減って一石二鳥です。

私の姉はめったに実家に顔を出さなかったのですが、料理上手なので、帰ってきたときには、ごはんの支度は喜んでしてくれました。そこから、買い物、掃除、トイレ介助、オムツ替えなどを少しずつ手伝ってくれるようになりました。

最初は月に1度、2~3時間、留守番をお願いする程度でした。それだけでとても助かったのですが、次第に泊まってくれるようになり、介護の様子や大変さもわかってきたのでしょう。月に1回、泊まりがけで来てくれるようになったのです。今では毎週末、私に替わって祖母や弟の世話をしてくれています。

親戚の口出しは笑顔でスルーする

また、介護中は、親戚とのおつきあいも悩ましいものです。

「お見舞いに行きたい」と言われても、受け入れるほうはわずらわしく感じる場合もあります。家の中は散らかっているし、在宅介護特有のにおいもする。接待をする余裕もないので、断りたいのがやまやまですが、しばらく会っていない親戚に会うと、介護されている本人は思いのほか喜んで、元気になったりします。

人が来るからと掃除などをがんばろうとせず、最初から「片付いていないし、おもてなしできませんが」と言っておけばいいのです。ほんとうに余裕がないときはきちんと断りましょう。訪問されると、いろいろ口出しをされるのも確かですが、あら探しではなく、良かれと思って言ってくれるのだと考え、笑顔で聞き流しましょう。

老老介護している親を助ける

親と別居している人が、老老介護の両親を手伝いたい気持ちがあっても、何をすればいいかわからないという相談も少なくありません。

私はそういうとき、「介護者がホッとする時間をつくってあげてください」とお願いします。つい介護されている親に目が行きがちですが、ぜひ、介護しているほうの親にも目を向けてください。

介護している親にとってみれば、慣れない介護の手伝いを無理にしてもらうより、留守番をしてもらったほうがずっと助かります。介護をしている人には、自分の時間がほとんどありません。介護を優先するあまりに自分のことがどんどん後回しになって、美容院へ行く時間すらないという人も多いのです。

たとえば、母親がデイサービスに行っている間に、介護している父親を食事に連れ出す。あるいは、介護している母親には外でお茶やショッピングで羽根を伸ばしてもらい、娘が父親のデイサービスの迎えをする。こうしたちょっとした息抜きの時間をつくってもらえるだけで、日々介護に向き合っている親としてはありがたいものです。なかなか気づきませんが、介護を担う人が元気でいることが結局、介護される人たちを大切にすることにつながります。

＊＊＊

介護そのものでなくても、きょうだいや親戚にサポートをしてもらえることはたくさんあります。とはいえ、ふだん介護をし慣れていない人にいきなりは無理でしょう。まずは状況を理解してもらい、留守番、買い物、掃除、トイレ介助などをお願いしながら徐々に巻き込んでいくことが大切です。

「経済的なことが心配…」

⬇

介護費用は親の年金・預金をあて、自分のお金は持ち出さない

「母が骨折して立ち座りが不自由になり、介護保険の申請をしました。その際、介護サービスの利用料の引き落としは家族の口座でもかまわないと教えられました。父や兄からはお前の口座にしてくれないかと言われて迷っています」

Pさん（40代女性・会社員）は、母親の介護保険の申請をしました。両親は年金生活のため、あまり経済的な余裕はないようです。子育て中で家のローンを抱えている兄も似たようなものです。

一方、Pさんは独身で1人暮らし。いままで両親に金銭的な援助をしたことはあり

ませんでしたが、正社員で勤続年数も長いので、「決して余裕があるわけじゃないけれど、月3万円ぐらいまでなら出せるかな」と思ったそうです。

でも、話を聞いて私は「ちょっと待って。それは絶対ダメ。引き落としはお父さんの口座にしてもらって」とストップをかけました。

親世帯とは別会計にするのが基本

介護はいつまで続くかわかりません。数カ月の期間限定ならがんばれるかもしれませんが、1年、2年と続くと金額もふくらんでいきます。ましてお兄さんが負担しないのなら、やがて不公平だと思い、不満も出てくるでしょう。こうしたことは、きょうだい間のトラブルになりかねません。

収入が高い人は高い人で、教育費や交際費など、それなりの出費があり、それほど余裕がないのが現実です。先々のことを考えると、親世帯とは別会計にしておくのが賢明です。

Pさんの実家は持ち家ですが、父親は自営業、母親は専業主婦だったので、2人の年金受給額と貯金を合算しても金額的にはあまり多くありません。

こういう場合は、いくらまで出せるかを計算して、ケアマネジャー（以下ケアマネ）に「ウチは月に〇万円までしか出せません」とあらかじめ伝えましょう。経済的な面を考慮したケアプランを作成してもらえます。

子どもであっても親世帯の経済状況はよくわからないものですが、介護が始まったら、親の資産がどうなっているかをできる範囲で把握しておきましょう。

高齢者の場合、お金がないといいながら、何年も使っていない口座に相当な金額が残っていたり、忘れていた定期預金の証書が出てきたりすることがあるので、事前にチェックしておきましょう。

経済的に厳しい場合は生活保護を申請

年金の払い込み期間が短いために年金受給額が低かったり、無年金の高齢者が要介護になったりした場合、介護サービスが受けられないこともあります。そういうときは、「申し訳ない」「恥ずかしい」と迷うことなく、生活保護を申請してください。

高齢者の場合、働ける年齢ではありませんし、要介護状態であればなおさらです。ケアマネや地域包括支援センターに相談すれば、少なくとも門前払いされることはありません。

生活保護がおりるかどうかは、「世帯収入」が基準になります。

基本は親族から援助を受けるように定められてはいますが、成人して別の世帯をかまえている子どもが親を扶養する義務は、それほど強いものではありません。「社会的地位にふさわしい生活を成り立たせたうえで、なお余裕があれば援助する」程度のものです。

ですから、同居より別居のほうが世帯収入を低く抑えられますし、口座も別にしておいたほうが、いざというとき生活保護が受けられる可能性が高くなります。

＊＊＊

介護する人も今は安定した収入があるかもしれませんが、自身が病気になる心配や、リストラされる可能性もあります。自分の老後にも備えなくてはなりません。また、介護が始まると、ただでさえ、いろいろな負担が出てくるものです。

共倒れを防ぐためにもお金に関しては一線を引いて、別会計をつらぬいてください。

「いつまで面倒みなきゃいけないの？」

⬇

嫁には「姻族関係終了届」という奥の手があると知っておく

「夫の両親の介護で悩んでいます。夫が亡くなって10年がんばってきましたが、夫にはきょうだいもいるのに、知らん顔で丸投げされています。私だけが長男の嫁として、このまま耐え続けなければいけないのでしょうか？」

Qさん（50代女性・パート勤務）は結婚以来、長男である夫の両親と同居しています。義父母は穏和な人たちで、嫁姑の関係も悪くありません。ところが、10年前に夫が突然、心筋梗塞で亡くなりました。

夫が生きていた頃は、義父はまだ元気で、義母の認知症の症状も軽く、なにより夫自身が「自分の親だから」と率先して面倒を見てくれていましたが、10年前からは、義父母の介護がQさん1人の肩にかかっています。

高齢になった義父母は次第に体調を崩しがちになり、最近では、義父は夜間のトイレ介助が必要、義母は認知症が年々進んで目が離せない状態です。

夫のきょうだいは他県に住んでいて、以前は家族を連れて帰省することもありましたが、今ではほとんど顔を出しません。義父母の状況を伝えても「長男の嫁なのだから、あなたが世話をして当然」という態度です。

しかし、10年が過ぎ、自分の実家の父が倒れたのをきっかけに、義理の娘である自分だけが介護をする状況に理不尽さを感じるようになりました。

「姻族関係終了届」で夫の親族との関係を解消

Qさんにお伝えしたのは、「姻族関係終了届」の存在です。

あまり知られていませんが、この届けを出すと、Qさんと義父母との〝姻族関係〟は解消され、扶養義務もなくなります。

書類は市区町村にあり、必要事項を記入するだけで手続きは完了します。配偶者の家族・親族に了承を得る必要はなく、自分の意思のみで提出できます。なお、この届けを出しても、遺産や遺族年金の受け取りには影響がありません。つまり、この書類1枚で、配偶者としての相続関連の権利は維持したまま、夫の親族との関係を解消できるのです。

興味深いことに「姻族関係終了届」の説明をすると、男性と女性とでは反応が違います。女性は「えっ、そんなことができるの、いいわね！」と肯定的に受け止める方が多いのですが、男性は「うーん、なんだか怖いね」「残された両親はどうなるの？」と不安げな表情になります。介護の当事者は女性が多く、夫側の親族との関係に悩む方が少なくないからでしょう。

他の親族にも思い切って負担を要請

その後、Qさんが「姻族関係終了届」を提出されたかどうかはわかりません。しかし、最終的にはそういう手段があるという話に救われたようでした。

相続の権利が平等にあるのと同様、両親の扶養義務は疎遠になっている子どもにも当然あります。昔に比べ、〝家〟の概念は薄れてきたものの、地方にはまだ「舅姑の世話は嫁の役目」とする風潮が残っています。長年の家族の歴史を終わらせる決断は簡単ではありませんが、〝嫁の義務〟から解放される方法はあるのです。

離れて暮らすきょうだいに、日常的な介護は期待できないかもしれません。しかし、嫁だからといって1人で抱え込む必要はないのです。経済的な負担を要請したり、施設介護を検討したりしてもいいのではないでしょうか。辛抱せず、「いま大変な時期だから助けてもらえますか?」と夫のきょうだいと話し合うことから始めましょう。

＊＊＊

配偶者と死別した場合、配偶者との〝婚姻関係〟は消滅しますが、配偶者の家族・親族との〝姻族関係〟は続きます。そのため、配偶者が亡くなっても、配偶者の家族や親族の扶養義務はあります。それでも、「姻族関係終了届」を提出することによって、扶養義務はなくなります。

もはや「長男(女)だから」「嫁だから」と誰か1人が押し付けられて介護する時代ではありません。介護には、家族みんなで向きあう必要があるのです。

「やっぱり同居しないとダメか…」

⬇

世帯分離で介護するほうが、さまざまなサービスが受けやすい

「1人暮らしをしている83歳の母が認知症になりました。今はまだ介護サービスで乗り切っていますが、たびたび実家へ行くのも大変ですし、だんだん症状が進んで目が離せなくなったら…。いっそのこと、同居しようかと迷っています」

首都圏に住むRさん（50代男性・会社員）は、認知症になった母親が心配で、同居を考え始めました。弟のほうが実家に近い場所に住んでいるものの、弟は病気をして以来、体調が思わしくなく、母の世話をする余裕はありません。

母親は今のところ、身の回りのことはなんとか自分でできますが、物忘れがひどく、

もし、火の不始末や徘徊などの問題行動を起こすようになったらと考えると、このまま1人にしておくのも心配です。

長男である自分が実家に戻り、母の面倒をみるべきではと考え始めました。

同居すると家事支援サービスが受けにくい

私はお話を聞いて、「世帯分離を続けていくほうがいい」と伝えました。家族が同居していると、1人暮らしの高齢者より必要性が低いと判断されがちで、家事支援サービスが受けにくくなるからです。

買い物や調理、掃除などの家事支援は高齢者にとってありがたいサービスですが、あくまで要介護の人のサポートですから、家族がいると逆にややこしいのです。

たとえば、母親の食事は用意してもらえても、家族の分は作ってもらえませんし、洗濯も要介護者の衣類だけが対象です。トイレットペーパーや洗剤、ストック用の食材などは、どこまでが要介護者用かの線引きがむずかしく、家族が同居するとサポートを受けられなくなるケースなども耳にします。

つまり、家族が当然するものと判断され、家事支援はカットされてしまう可能性が出てくるのです。

また、見守りなども、1人暮らしの高齢者より緊急性が低いと見なされがちです。同居する家族がいることは、介護サービスを受ける面では有利とはいえないのです。同居する安心感は大きいものの、生活の変化も含めて、じっくりシミュレーションしてみてください。

生活基盤を変えずに無理のない介護を

Rさんの通勤時間は現在、片道40分。実家に引っ越した場合、会社まで片道2時間かかります。往復の通勤だけで、今の3倍、時間をとられるわけです。

そのうえ、現在、介護サービスで成り立っている家事が、会社員であるRさんに降りかかってくるとしたら……。毎日のことですから、かなりの負担になるでしょう。

慣れない家事に加えて、夜のトイレ介助などが始まったら、長距離通勤と睡眠不足のダブルパンチです。介護と仕事の両立に疲れて、離職してしまうかもしれません。

実家だから家賃はかからない、母親の年金があれば生活はなんとかなる…。疲れてくると正常な判断ができなくなり、突発的に仕事を辞めてしまうというケースが案外、少なくないのです。

介護が終わって再就職をするつもりでも、中高年になれば条件のよい職場はそうありません。現在の安定した職場でキャリアを積んだほうが、後悔せずにすみます。

また、今まで別会計だった経済面も、同居すると変わってくるでしょう。今まで別々だった財布が分けにくくなるので、介護関連の出費が増えるかもしれません。

また、同居したり近所に呼び寄せたりすると、生活環境が一変します。要介護者と介護者の双方に大きなストレスが生じる可能性があります。経済的な問題以外にもデメリットがあることを意識しましょう。

＊＊＊

親子の情として、一緒に暮らして助けたい気持ちはよくわかります。でも、サポート面や経済的負担を考えると、「世帯分離」のほうがおすすめです。

心配な点は、家庭の事情も含めて地域包括支援センターやケアマネによく相談し、生活基盤をなるべく変えずに介護できる対策をしていきましょう。

「私が盗ったなんて、ひどい！」

⬇ 愚痴や暴言に対しては〝オウム返し〟が役に立つ

「夫の母が認知症になりました。最近は妄想がひどく〝通帳がなくなった〟〝お金が盗まれた〟と騒ぎ、あちこち探し回ります。自分でしまった場所を忘れてしまい、見つからないと〝あんたが盗ったんだろう！〟と言われます。お世話しているのに疑われているかと思うと情けなくて…。精神的にまいっています」

Sさん（50代女性、主婦）は結婚して以来、夫の両親と同居しています。お互いの性格もわかり、義父の介護も義母と協力して乗り切りました。在宅介護で見送った後は、実の娘以上にがんばってくれたと非常に感謝してくれたものです。

ところが、80代に入り、認知症が進んでからは、まるで別人のようです。毎日のように「物がない！」「お金がない！」と騒ぎ立て、Sさんを犯人扱いします。夫がよく言い聞かせ、印鑑や通帳、財布などはしまう場所を決めてあるのですが、すぐに忘れてしまいます。病気だからと思うものの、犯人は夫や子どもたちではなく、必ずSさんなのです。嫁はしょせん他人なのかと思うと、つらくて涙が流れます。

言葉の暴力にショックを受けるのは当たり前

認知症の人とコミュニケーションを取るのは大変です。

感情が過敏になり、感情的になりやすい。不安が怒りになり、八つ当たりする。自分に対するもどかしさが、暴言や妄想につながるのですが、受け入れられないのは当然です。言葉の暴力はショックが大きく、心がささくれるものです。

いくらなだめても納得してもらえず、また、同じことを言い出す。終わりのないやりとりが続きます。また、物やお金を盗んだ犯人だと決めつけられては、どんなにせつないことでしょう。

認知症になると大きく分けて3つの機能が低下します。

1．記憶——とくに最近のことを忘れてしまう。昔の出来事はよく覚えているのに、つい30分前に食事したことを覚えていない。体験自体がすっぽり抜け落ち、真顔で「食事をくれない」「お腹が空いた」と言い出す

2．空間の認知——自分がどこにいるかわからなくなって、道に迷ったり、家の中でもトイレの場所が見つからず、粗相をしてしまう

3．遂行能力——段取りを考えて物事を実行する能力が落ち、料理や掃除ができなくなったり、リモコン操作や電話をかけることができなくなったりする

つまり、普通の人が当たり前にやっていることができなくなり、世界の見え方がまったく違ってしまうのが認知症です。物やお金がなくなったという「盗《と》られ妄想」もよくある症状です。「食事がもらえない」「お金がなくなった」などと言われると周囲は驚き、嫌がらせではないかと思いがちですが、食事をしたことやしまった場所をすっかり忘れてしまっている本人からすると、ウソではなく、真実なのです。

だからこそ、周囲がいくら言って聞かせても、本人は納得せず、否定されればされるほど意地になり、怒り出してしまいます。しかも、ほんとうに親しい人、わかってもらいたい人にこそ、言葉の暴力をぶつけることがよくあります。

理詰めの説明ではなく、納得感が大事

専門家によれば、認知症の人とコミュニケーションを取るには、「正しさよりも納得感」が大事だそうです。健常者はつい正しい情報を伝え、理詰めで解決しようとしますが、まずは相手の心情に寄り添うことが大切です。

わかってもらえたと感じると、相手も少し落ち着いてきます。それから「一緒に探してみようか」と声をかけ、バッグや引き出しの中を1つずつ見ていき、「あれ、こんなところにあったね」というと、安心してもらえることもあります。

最初に「ない」ことを否定してしまうと、ボタンが掛け違ってきます。

認知症の人の頭の中では、「通帳がなくなった↓大変だ！↓あわてて周囲に伝える↓ところが、なくなったことを認めてもらえない↓でも、通帳は見つからない↓否定

している相手があやしい→お前が盗んだんだろう」というようなロジックが成り立ってしまうのです。しかも怒りの矛先は、一番身近で世話をしている人に向かいます。

認知症の人の不安や孤独に気づく

認知症と診断され、物忘れが少しあっても、料理や買い物など日常生活に問題がない方はいます。そんな一見、問題がないように見える人でも「自分はバカになった」「家族にわかってもらえない」と不安や孤独を感じているものです。

お金がないと騒ぐのも、その裏に「子どもに負担をかけている」「支払いは大丈夫だろうか?」という不安や心配が隠れているからです。必要なお金を払えなかったら恥ずかしい、信用に関わるという気持ちは残っているのです。自分でお金の管理ができなくなっても、食事をしたことを忘れても、高齢者には何十年も生きてきた蓄積があり、喜怒哀楽の感情もありますから、馬鹿にされたり、軽くあしらわれたりする気配は敏感に察知します。「不安や孤独があるんだな」という眼差しで接しましょう。

一般的には、「認知症の人の話は否定せずに受け入れましょう。怒ってはダメです」と言われます。でも、犯人扱いされたり、同じことを何度も言われたりする介護者自身は、ショックを受けている状態ですから、受け入れられなくて当然です。

トレーニングを受けた介護のプロでもむずかしい対応なのですから、できないからと言ってすぐに落ち込まないでください。疲れていると心に余裕がありません。たとえ怒ったり否定してしまったときも、自分を責めないでください。

＊＊＊

たとえば「通帳がなくなった」と騒ぎだしたら、なるべく感情的にならず、次のように相手の言葉をオウム返しに繰り返してください。

「通帳がなくなった」→「そう、通帳がなくなったのね」

「いくら探してもない」→「そう、たくさん探したのね」

あるいは、「死にたい」→「死にたいと思うくらいつらいんだね」

という具合です。相手は、大事なものがなくなってアセっているわけですから、今は不安なんだな、と受け止めてあげましょう。無理に同調する必要はありません。淡々と相手の言葉を〝オウム返し〟にするだけでも混乱している状況から救われます。一緒に何かしてあげると、安心感が増して落ち着いてくるものです。

「イライラしてつい怒鳴ってしまう」

⬇

怒りを抑えこまずに、外に出して解消する

「3年前から母に認知症の症状が出はじめました。曜日を何度も聞かれたり、同じ話を何度もされるのでイライラします。先日も、出勤前に『今日は何日だったっけ?』と聞かれて、『何度同じことを言わせるの!』と怒鳴ってしまいました。わかってはいるのですが、〝なんで優しくできないんだろう?〟と、自分で自分がイヤになります」

Tさん(40代女性・会社員)は、70代後半の「要支援2」の母親と2人暮らし。母親は、身の回りのことは1人でできますが、物忘れが増え、何度も同じことをたずね

ることが増えていました。

母親が認知症だと診断されてから、認知症について調べ、勉強していたTさんは、母親の言葉を否定せず、何度同じことを聞かれてもその都度、丁寧に対応してきました。オウム返しで対応することもやっています。

しかし、最近、同じことを聞かれる頻度がますます高まり、怒鳴ってしまうことも増えました。そのほかにも、ヤカンや鍋の空炊き、トイレの失敗など、目に見えてトラブルが増えています。

「これからどうなっちゃうんだろう？」

「これ以上、状態がひどくなったら、仕事を辞めざるをえないのかな？」

とTさんは将来が不安になり、眠れない日が続いています。

ストレスをためない呼吸法を習慣に

気の抜けない介護生活が続くと、本人が思っている以上にストレスがたまります。

自分が無理していることに気づかず、呼吸が浅くなって神経が高ぶり、リラックスできていません。

介護する人の心の健康を守るためにおすすめしたいのが、副交感神経が優位になる呼吸法です。

「深呼吸」といえば、息を吸って吐く人が多いのですが、副交感神経を優位にするには、順番が逆になります。最初に口からフウーッとなるべく長く息を吐いて、次にゆっくりと鼻から吸ってください。「まず吐いて、その後で吸う」のがポイントです。

また、吐く時間のほうを2倍長くしましょう。6秒吐いたら、3秒吸う感じのテンポで繰り返し、呼吸そのものに意識を向けてください。

この呼吸法は、思わずカッとなり、頭に血が上ったときにも冷静になれる有効な手段です。売り言葉に買い言葉になりそうになったら、まず息を吐き、心をいったん落ち着かせてください。

ちなみに、副交感神経を優位にすることは、睡眠の質をあげるためにも役立ちます。寝る前の習慣にすると心がフラットになり、寝つきやすくなるので、寝つきの悪い方もぜひこの呼吸法を取り入れてください。

今の怒りや苦しみを客観視しよう

苦しい気持ちや怒りをノートやブログなどに書き出してみるのもいいでしょう。自分の中にたまったモヤモヤを吐き出し、「見える化」するのです。

たとえば、次のような感じです。

1. 介護している相手を責める言葉を書き出す
（どうしてわかってくれないの、なぜ迷惑ばかりかけるの…など）
2. 介護中の自分に対する怒りを書き出す
（なぜやさしくできないの、イライラしてばかりで情けない…など）
3. 書き出した言葉を眺め、寄り添ってみる
（私、本当にがんばっているよね。でも、苦しいよね。親もつらいんだ…など）

書くだけでなく、口に出したり、気のおけない相手に話すと、さらに効果的です。遠回りに見えますが、頭の中で考えるだけでは堂々巡りになってしまいます。書い

たり話したりしているうちに、状況を理解し、苦しさを客観視できます。

介護中の人のほとんどが、「親が言うことを聞いてくれない」「自分だけが貧乏くじを引いているようだ」「いつ寝られるのだろう」「早く解放されたい」など、たくさんのマイナスの感情を抱えているにもかかわらず、自分の気持ちにフタをしてがんばるうえ、心が折れそうになる自分を「弱くて情けない存在だ」と否定しがちです。

Tさんも、自分なりに「認知症」について勉強もして必死でした。でも、そうやって自分の気持ちを無理に抑えようとするから爆発してしまい、最悪の場合には、介護殺人などの悲劇が起きてしまうのです。

ノートに書き出すのは、介護のつらさを自分自身で気づくための手段です。

「こんなに大変なんだもの、弱音を吐きたくなるのは当たり前。がんばっているのにせつないね」と自分の気持ちに寄り添うことが大切です。

書いているうちに涙が流れてくるかもしれませんが、思い切り泣いてもいい。叫んでもいいのです。気持ちを抑え込まずに出してしまうことが、心の重荷を解き放つきっかけになります。

ヤケ酒やヤケ食いはNG、〝出す〟ことを心がけて

自分の心を解放するには、怒り・苦しみ・哀しみを〝出す〟ことを心がけてください。ヤケ酒やヤケ食いなどは〝ためこむ〟ことになるので、一時的な気晴らしにはなっても、ストレス解消にはなりません。

カラオケに行って歌う、スポーツをして汗をかくなど、身体を動かすのは〝出す〟ことにつながるので気分転換になります。時間のないときは散歩、あるいは外に出て自宅のまわりをグルッと一周するだけでもいいのです。考え込むのはやめて、外気に触れて歩きましょう。身体を動かすほうが心のリセットには効果的です。

＊＊＊

イライラして優しくできないのは、心身が休息を求めているサインです。しかし、介護負担をいきなりゼロにすることはできないもの。まとまった休息時間を取れない時には、他者優先から自分優先に意識を切り替える「自分ファースト時間」を作ってみましょう。「自分のためだけにコーヒーを淹れる」「好きなお菓子を買う」といった小さな自分ファースト時間が、ストレスケアの第一歩です。

「お父さんがお母さんをなぐった」

⇩

老老介護のトラブルは、専門家に積極的に介入してもらう

「夫の母が骨折して入院しました。退院後はリハビリやオムツの世話もあり、1人では無理だと思って手伝いを申し出たのですが、義父は〝ワシが面倒をみる〟と頑強に拒否します。義母は認知症も出てきて、ただでさえ家事が不慣れな義父は、イラついて暴力をふるっているようです。どうしたらいいでしょうか」

Uさん（40代女性・パート勤務）の義父母は同じ敷地内の離れで暮らしていて、声をかけられればすぐに行ける距離ですが、嫁という立場もあり、積極的に介入できません。

夫に相談しても、「親父には親父の考えがあるんだから、放っておけ」と言うばかり。しかも、義父はワンマンな性格で、介護保険の利用を提案しても、「他人に何ができるんだ。ワシにまかせておけ！」と怒鳴りつけます。

しかし、義母に認知症の傾向が出てきてからは、食事やオムツ交換も不十分なようです。部屋からは排泄物のにおいが漂い、義母を叱り、たたいているような気配がします。このまま放っておけない、とUさんは私に相談してきたのです。

虐待を目撃したら地域包括支援センターに相談

私は、すぐに地域包括支援センターに連絡するように伝えました。

Uさんの相談を受けて、さっそく職員が訪問してくれましたが、義父は「大丈夫だ」の一点張りで家の中に入れようとせず、どなり散らして追い返してしまいました。

でも、Uさんがあきらめずに、何度も地域包括支援センターに相談に行ったことで、職員が定期的に訪問してくれるようになりました。さらに夫にも頼んで、何とか義父を説得してもらったことで、やっと職員が室内に入ることができました。

義母の身体にはあちこちに床ずれができ、栄養失調の状態。救急車で搬送され、付き添ったUさんが「なんでこんな状態になるまで放置したんですか！」と医師から叱られるほど衰弱していました。ほとんどネグレクトの状態で、介入が遅れていたら生命にかかわっていたかもしれません。

義母は即入院。リハビリのできる施設の手配もつき、回復に向かっています。義父自身も認知症を発症していたことが判明しました。

このケースでは、地域包括支援センターの職員があきらめずに何度も訪問してくれたため、最悪の事態を防ぐことができました。

閉鎖された環境は暴力に発展しやすい

介護現場で起きる虐待の加害者の約7割が男性で、そのほとんどが夫と息子です。仕事と同じように完璧にやらなければと気負いすぎる傾向があり、女性と違って介護の愚痴をこぼせる相手が少ないのも要因です。

しかも、家庭の問題を外部（行政機関）に相談すること自体、恥だと感じる人が少なくありません。「助けがなくても自分で解決できる」と思い込んでいるのです。自分でやるという責任感が強すぎて、介護保険のサービスも一切、受け入れません。

また逆に、家族へのやさしさから、他人に世話をさせるのはかわいそうだと思って1人で抱え込んでしまい、うまくいかなくなるケースもあります。

Uさんの義父も、最初は妻への愛情から、自分で介護をしようと思ったのでしょうし、息子夫婦への遠慮もあったのかもしれません。しかし、身体が不自由で認知症の傾向まで出てきた妻の介護は予想以上に大変だったはずです。

でも、自分でやるといった手前、SOSも出しにくい。今さら人の世話になりたくない。その悪循環が暴力につながったのでしょう。

＊＊＊

家族が身近に住んでいても、虐待や介護放棄は起こります。

とくに高齢者の男性が介護をしている場合、近所付き合いや料理などの経験が少ないため、日々の家事自体にストレスを感じ、暴力や虐待に発展しがちです。

虐待が激しくなって、介護殺人や介護心中につながることもあり得ますから、第三者が介入できない閉鎖的な環境にだけはならないよう注意しましょう。

「最期まで見届けたかった…」

⬇

期待どおりの看取りは、できない可能性が高い

「最近、母が亡くなりました。食道ガンで要介護4の状態でしたが、自宅で逝きたいというのが母の希望だったので、私もそのつもりで在宅介護を続けていました。ところが、ちょっと買い物に出ていた間に亡くなってしまって…。母の最期に立ち会えなかった自分がどうしても許せません」

Vさん（30代女性・パート勤務）は、母親を看取れなかったことに大きなショックを受けていました。がんばって介護を続けてきたのに、一番肝心なときに不在だった。その現実が受け入れられなかったのです。

「どうしてあのとき、出かけてしまったのだろう」

「そばにいれば、手を握って見送れたのに…」

葬儀が終わっても「娘としての役目が果たせなかった」という負い目が日に日に大きくなり、あの日のことを思い返しては、涙があふれてくるのでした。

在宅でも最期に立ち会えるとは限らない

一生懸命に介護している人ほど、最期をきちんと見届けたいと願っています。Vさんの場合はとくに、母親の看取りが自分の使命だと思いつめていたため、なおさら喪失感が大きかったのです。

「もし、お母様の最期に立ち会うことができたら、何をしてあげたかったですか？」と私がたずねると、「ただそばにいて、手を握っていてあげたかった…」とVさんはつぶやいて、涙が止まらなくなりました。

「でも、最期の瞬間はできなかったとしても、介護中にお母様の手を握っていたことはありませんでしたか？」

「そういえば、母が痛みで苦しんでいるときに、手を握って一晩過ごしたことがありました…そうか、私にできていたこともあったんですね」

母親に何もしてあげられなかったわけではないと気づいて、Vさんは少しラクになったようでした。

家族はつらい選択を迫られることも

私の父は、私が20代のとき、ガンで亡くなりました。

8カ月ほど入院したのですが、最後の1週間は病室に簡易ベッドを置いて泊まり込みました。しかし、危篤状態とはいえ、私の場合、母や弟の世話に加えて仕事もあったので、1日中、病室に詰めているわけにもいきません。

つらかったのが、いったん自宅に帰ろうとすると医師や看護師から「今、おうちに帰られたら、最期に間に合わないかもしれません」と言われたことです。

家族に後悔させないようにという配慮なのでしょうが、末期ガンで覚悟ができていましたし、最期に立ち会えなくても仕方がないと思っていたのですが、何度も同じことを言われました。それを振り切って家に戻るのがほんとうにつらかったのです。

容態が乱高下したので結局、4日間ほど徹夜しました。看取ることはできましたが、お葬式のときはボロボロ、その後も1年ほど体調不良を引きずりました。

その経験があったので、母のときには看取りの瞬間にはこだわらないと決めていましたが、また別の選択を迫られることになりました。

容態が急に悪くなって意識不明の状態に陥り、人工呼吸のために気管挿管しました。危篤状態から脱してホッとしていると、医師から「長引いた場合、どうされますか」とたずねられました。

気管挿管は2週間がめやす。それを超えても自力呼吸での回復が見込めない場合、気管切開をして人工呼吸器を付けることになります。つまり、延命治療をどこまでするつもりかを確認されたのです。

母はそれまでたくさん病気をしていて、心肺停止状態から心臓マッサージで息を吹き返したこともありました。突然の別れが避けられただけでもよかった。そう思っていたので、延命治療はしないつもりでした。

それでも、あらためて決断を迫られ、心がかなりざわつきました。

そのときは、正直に「ごめんなさい。今は決められません」と答えました。病院は事前に確認しておきたいのでしょうが、とても決断できる心理状態ではありません。「考える時間をください」とお願いしました。

結局、最後は5つの機械につながれて生命を維持する状態でした。母はもう十分生きたのだと納得して、次の治療は望まないと決断するまで3日ほどかかりました。

そして、母は旅立ちました。最後の1週間は病院の配慮で、ICU（集中治療室）から一般病棟の個室に移ったので、弟や母のきょうだいが来て、お別れをすることもできました。私自身は付き添いを姉と交替して家に帰っていたので、最期の瞬間には立ち会えませんでした。でも、父の経験から、葬儀のための体力を残しておきたいと思っていたので、後悔はありません。

短い時間を一緒に過ごすだけでもいい

病院で亡くなる場合も、医師や看護師には家族に看取りをさせなければという思いがあるようです。延命治療を含め、いきなり決断を迫られても答えられません。どこまで望むのか、事前に家族で話し合っておくほうがいいでしょう。

ただし、あらかじめ決めていたとしても、いざそのときになれば迷いが出るのは自然なことです。もし迷ったら、決断を急がず、「考える時間がほしい」と医師に伝えましょう。

あくまでも個人的な考えですが、看取りの瞬間にこだわる必要はないと思います。たとえ、息を引き取る際には間にあわなかったとしても、手を握っただけでも、わずか数分を一緒に過ごしただけでも、気持ちは伝わったと思います。

「苦しいときに手を握ってもらえたこと、お母様は嬉しかったと思いますよ」と言うと、Vさんは「そうだといいな…」と少し笑顔が戻りました。

＊＊＊

〝看取り〟とは、「最期の瞬間に立ち会うこと」だけを意味するものではありません。介護されている人の不安な気持ちによりそい、背中をさすり、一緒に笑い、泣くことも、立派な看取りです。家族が亡くなったあと「十分にしてあげられなかった」と思う方は、一緒に過ごした時間の中で、どんな小さなことでもいいですから、「してあげられたこと」「できたこと」に目を向けてみてください。

教えて介護保険 3

「要介護」のランクがあがらないときは伝え方を変える

体裁をつくろわず、ありのままを見せる

「ケアマネはあてにならない」「病状が進行しているのに要介護度があがらない」という、相談を受けることがあります。ところが、よく話をうかがうとケアマネの力不足以前に、実態が正確に伝わっていないケースが少なくありません。

認知症の1人暮らしの母親を世話している女性は、「要介護1」からランクがあがらないままで困っていました。ケアマネも動いてくれないといいます。

母親は用意された食事は食べるものの、自分では冷蔵庫の中の物さえ取り出せません。電子レンジも使えず、家事もほとんどできず、最近は徘徊の傾向も出始め、オートロックのマンションから勝手に出てしまうこともありました。

ヘルパーが週何回か訪問し、買い物や食事の仕度などをしていましたが、それだけでは対応できなくなっていました。

しかし、家の中はいつも片付き、きれいな状態。じつは彼女が会社帰りに実家に立ち寄り、食器洗いや掃除、ゴミの処理、冷蔵庫の整理などをしていたのです。最初は週1回だったのが、2～3日に1回になり、最近は毎日通っていました。

真面目な性格の彼女は、他人が室内に入ることもあり、清潔な環境をキープしておきたいと考えていたからです。そのため、ケアマネもヘルパーも、母親の認知症が進行していることに気づきませんでした。

困りごと、できないことを正確に伝える

食事が1人でできるか。トイレの失敗はないか。着替えができるか——。

日常生活にどの程度、介助が必要かは、認知症の進行状態を知るめやすになります。週何回も通っているヘルパーでも気づかないことがありますから、一見きちんとしている状態だと正確な情報が伝わりません。

母親はトイレの失敗をしても自分では着替えられず、無理に替えようとすると怒ります。上下の組み合わせもちぐはぐで、下着のままズボンをはいていないこともありました。簡単に着られるワンピースを用意して、服装を整えていたことも気づかれにくい原因でした。

季節に応じた服装ができなくなったり、着替えを嫌がるようになるのも認知症の方によく見られることです。箸が使えない、

[要介護1と3のケアプラン（例）の比較]

◉ 要介護1（受けられるサービスの一例）

週2回のデイサービス
週2回の訪問介護
月1回のショートステイ（2泊3日）
福祉用具貸与（歩行補助杖）
介護保険外サービス（配食等）※地域による

◉ 要介護3（受けられるサービスの一例）

週3回のデイサービス
週2回の訪問介護、週1回の訪問看護
月1回のショートステイ（3泊4日）
福祉用具貸与（介護ベッド）
介護保険外サービス（配食等）※地域による

食器のフタがあけられないなどの傾向も出ていました。「要介護1」とは思えないほど、認知症が進んでいたのです。

私は、自分が困っていることや要介護者ができなくなっていることを箇条書きのメモにして、認定調査員やケアマネージャーに渡すことを提案しました。すると「要介護3」の判定が出たのです。

認定調査で介護負担や状況が伝わらないと感じたときは、「一人で着替えができるが、夏なのにセーターを着ている」「一人でトイレに行けるが、失敗して汚しているのに気がついていない」といった、リアルな状況を箇条書きにしたメモを活用してみてください。

第4章

「息抜きの時間が一番大切なんですよ」

〝介護うつ〟にならない方法

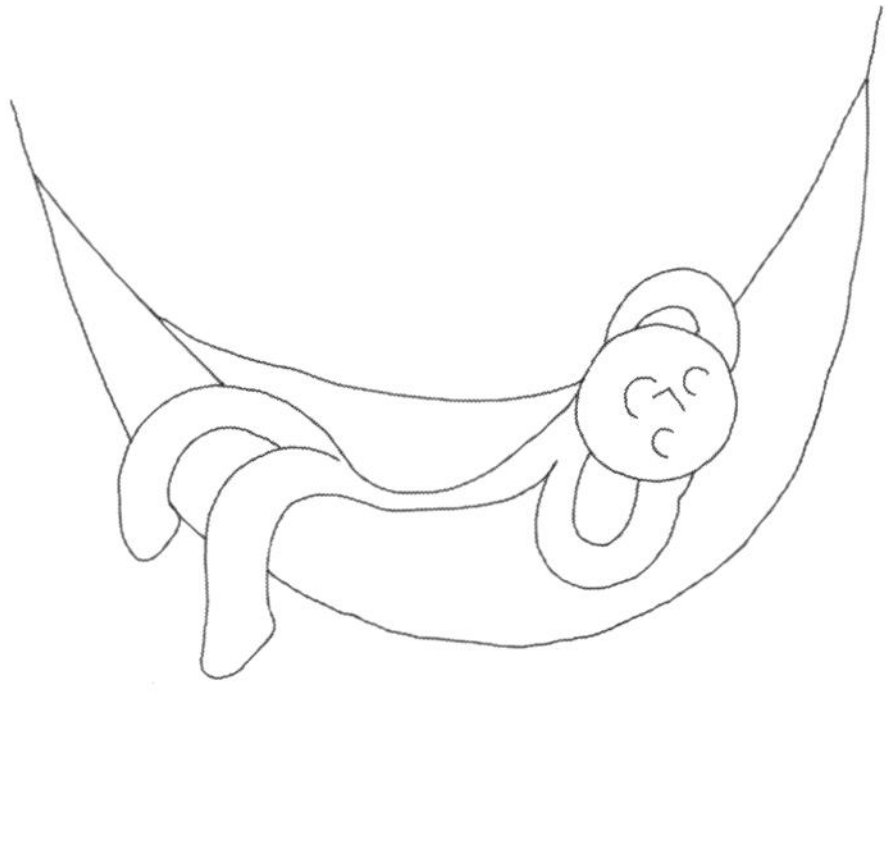

「施設に行かせるのはかわいそう」

⬇

親がいやがるのは最初だけ。介護サービスはどんどん利用する

「母が認知症になりました。物忘れが多くなり、失禁することもあるようです。今は父が面倒を見ていますが、年齢を考えると共倒れにならないか、とても不安です。ときにはプロの手を借りるべきだと思うのですけど、母はもともと人づきあいが苦手な人なので、父は施設に行かせるのはしのびないと言います」

Wさん（40代女性・自営業）は、老老介護の両親のことを心配していました。2人とも70代後半で、父親も疲れやすくなっているのに、介護サービスをかたくなに拒否しているからです。

人様のお世話にならず、家族で面倒をみたいという方は少なくありません。
Wさんの母親のように社交的でない性格の人の場合はとくに、「本人がかわいそうだ」「人が大勢いる空間は合わないはずだ」と家族は思い込んでしまうのです。

デイサービスを積極的に利用しよう

要介護認定を申請していても、なるべく人の手を借りたくないと、サービスを十分に活用しない人がたくさんいます。でも、介護する人の負担を軽減するためにも、介護サービスを積極的に利用しましょう。

おすすめしたいのは、「デイサービス（通所介護）」で、施設に通って、食事や入浴、機能訓練などが受けられます。半日預かってもらえるだけでも負担が軽減されます。施設によって異なりますが、1日のスケジュールは次のようになっています。

朝　：送迎（9時ごろ）
到着時：健康チェック
午　前：入浴サービス

正　午：昼食
午　後：機能訓練、レクリエーション
夕　方：送迎（16時ごろ）　＊月額利用料や利用回数はP51参照

要介護認定のランクによって利用できる回数や料金が違ってきますが、お風呂に入れてもらえるだけでも負担が減ります。自宅で苦労して入浴するより、設備の整った環境でゆっくりできるほうが、介護される人も快適に過ごせます。

一度、デイサービスを試してみる

Wさんの説得もあり、やっとデイサービスを利用してみることになりました。

そして初日。朝、送迎のバスに乗り、夕方帰ってくるまで、父親はとても不安そうでしたが、母親は思いのほか、機嫌よく帰ってきました。

若いスタッフと話したり、同世代の人たちと会えたことが楽しかったようで、いつもより口数が多く、ニコニコしています。身支度を調え、何年もしていなかった化粧を自らするなど、人と会う機会がよい刺激になったようです。

「今度は、あの広いお風呂に入りたい」と、次に出かける日を楽しみにしています。

デイサービスのレクリエーションは、歌や音楽、遊び、運動、手芸、絵画などさまざまです。Wさんの母親は積極的に人と交わるタイプではありませんが、手先が器用で編み物や刺しゅうが好きだったので、手芸のグループに参加しました。

男性の場合は囲碁や将棋、麻雀などができる施設もあり、好きなことをしながら過ごせます。身体を動かしたり、人と話をしたりすることは脳の活性化につながり、認知症の進行を遅らせるためにも有効です。

母親の様子を見て父親は安心したようでした。実際、昼間だけでも自分の時間が持てた父親も「ひさしぶりに昼寝ができてスッとした」とうれしそうです。

＊＊＊

Wさんの母親のように、すぐにデイサービスに慣れる方もいますが、慣れるまでに時間がかかる方もいます。でも、最初は「こんなところに連れてきやがって！」と怒鳴り散らしていた方でも、専門的な知識を持つスタッフが関わってくれることで、ほとんどの方が3〜6カ月くらいで慣れ、安心して過ごしています。もし、あまりにも抵抗するようでしたら、1〜2カ月空けてから再度挑戦してみましょう。

「入浴や食事をゆっくりしたい！」

⬇

介護の場から完全に離れて、自分の時間をつくる

「最近、朝起きるのがつらくなりました。体調もよくないのですが、なにより怒りっぽくなりました。今日も職場で後輩が指示を確認に来たとき、つい怒鳴りつけてしまいました。彼女が悪いわけでもないのに、勝手にイライラしていたんですね。すぐに謝りましたが、これは、相当疲れているとようやく自覚しました」

Xさん（40代女性・会社員）は、脳梗塞で倒れた父親の介護が始まり、余裕のない日々を送っています。父親は右半身にマヒが残ってしまい、着替えや食事、入浴、トイレなど、すべてに介助が必要な状態です。

朝は父親の世話に追われ、食事もそこそこに出勤する毎日。帰宅後もまず、父親の入浴と食事を済ませ、洗濯機を回しながら、ようやく食事です。お風呂に入っているうちに、そのまま寝てしまったこともありました。

最近は、起きた後に頭が重く、すっきりしない状態が続いています。風邪をひきやすくなり、口内炎にも悩まされるようになりました。

体調不良も介護離職の大きな理由

風邪をひきやすい、頭痛がする、いつもイライラしている……これは疲れが相当たまっているサインです。

介護が始まると、自分のことはすべて後回しになりがちです。やることがありすぎるため、真っ先に削るのが睡眠と食事の時間です。ゆっくり食事をしたり、自分の身体のケアをしたりする余裕がなく、栄養と休養を十分に取れないまま、だんだん疲れがたまってきます。また、トイレの介助や深夜の徘徊で夜間に起こされてしまい、落ち着いて寝ることもできにくくなります。

最初は気力で乗り切れるものの、ツケは必ずやってくるものです。どこかで休養を取らなければXさん自身が病気になってしまいます。

介護離職の理由で一番多いのは、「職場の理解が得られないこと」ですが、次に多いのが「体調不良」です。体力的に両立は無理、と判断して会社を辞めていくケースは珍しくありません。介護うつになって仕事が続けられなくなる人もいます。

私自身、介護疲れがピークの時は、セルフネグレクト（自己放任）の状態でした。鏡も見ず、髪の寝ぐせも直さず、化粧もしないまま病院に出勤し、患者さんから「橋中さん、目やにがついているよ」と指摘されたことさえあります。

時間がないからと身だしなみにかまわないでいるうちに、自分への関心までどんどん薄れていたのです。当時は、気分がいつもトゲトゲしていて、ちょっとしたことでキレやすくなっていました。

介護殺人も、こんなときに起こりがちです。介護する人自身の心身の状態が限界に来たとき、悲劇が起こります。

ショートステイで介護から一度離れる

[ショートステイの利用可能日数]

(他のサービスを利用しない場合。1カ月あたり)

要支援1	9～10日
要支援2	14日
要介護1	14日
要介護2	14日
要介護3	14日
要介護4	14日
要介護5	14日

＊緊急時や状況によっては、1カ月に30日間利用できる。15日以上の長期利用が必要な場合は、ケアマネや市区町村に相談する

介護する人の疲れがたまってきたら、丸1日、完全に介護から解放される時間をつくるために、宿泊を伴うショートステイ(短期入所)を試してください。特養、サ高住、老健、病院で受け付けています。

簡単にいえば、介護付きのホテルに宿泊するような感じです。「要支援」「要介護」どちらの人も対象で、1カ月に14日間利用できますが、要介護度ならびに市区町村によって利用できる日数は異なります。

デイサービス以上に抵抗を感じる人が多いのですが、介護する人が冠婚葬祭で家を空けるときや、体調を崩したときに休むためにも、一度、経験しておくと安心です。

デイサービスと同じ事業所で提供してい

るところもあります。まずは1泊2日から試してみて、慣れてきたら2泊3日、3泊4日と少しずつ延ばしていけばいいと思います。できれば、ある程度、まとまって休める3泊4日以上の利用がおすすめです。

私自身、ショートステイを使うようになって、とてもラクになりました。旅行や出張ができますし、部屋の掃除や片付けなど、たまっていた家事を一気にやれる絶好のチャンスでもあります。

利用料金は、要介護度や、個室か相部屋か、などによって変わりますが、他にも次のような費用が必要になります。また、レクリエーション費用などが別途発生する場合があるので、事前に確認しておきましょう。

◉ショートステイの利用料金　＊施設によって異なります

介護サービス料金の1～3割負担
　＋居住費
　＋食費
　＋その他

＝自己負担額（1日あたり2000〜4000円がめやす）

トラブルがあってもあきらめない

利用する前は、「きちんとお世話してもらえるのか？」「具合が悪くなるのではないか？」など、不安を感じて利用をためらっている方も少なくありません。

たしかに、実際にトラブルが起こることもあります。私も、母がショートステイを利用したとき、お尻に床ずれができたことがありました。ただ、こういう場合、「やっぱり施設はダメだ」「仕方がない」とあきらめてしまうと、次につながりません。

心配事やトラブルが起こったときは、施設に確認やリクエストをするチャンスです。

私の場合は、「臀部の床ずれが心配なのですが、何かいい方法はありますか？」と聞いてみたところ、いろいろ工夫をしてくれ、以後、床ずれの心配はなくなりました。

また、ショートステイ中に、施設から「食事のときにひどくむせます」と連絡が入ったこともありました。母はきざみ食だとむせるので自宅では一口大にして食べさせていましたが、施設ではきざみ食が出されていたのです。自宅で当たり前にしていることも、施設にはきちんと伝えなければいけないと気づいた出来事でした。

施設に対して、すべて自宅と同じ対応を望むことは難しいと思いますが、命に直結する食事や排泄、床ずれなどの気がかりな点は、〝箇条書き〟のメモで伝えましょう。文章が長すぎると要点が伝わりにくいからです。

リクエストする際に気をつけたいのは言葉の使い方です。「この方法でやってください」と言うよりも、「この方法でお願いできますか?」「この方法は可能ですか?」と疑問形で話しかけると、先方に伝わりやすくなります。ぜひ、お試しください。

注目の「小規模多機能型居宅介護」

ここまで紹介してきた、在宅介護の3本柱ともいえる「デイサービス」「ショートステイ」「訪問介護」は、それぞれ別の事業所が担当しますが、これら3つのサービスを1つの事業所で一括して受けられる〝セットメニュー〟のような介護サービスがあります。これが、「小規模多機能型居宅介護」と呼ばれるものです。

要介護者が可能な限り自立した日常生活を送ることができるよう、利用者の選択に

[小規模多機能型居宅介護の利用料（1割負担。1カ月あたり）]

要支援１	3,450円
要支援２	6,972円
要介護１	10,458円
要介護２	15,370円
要介護３	22,359円
要介護４	24,677円
要介護５	27,209円

＊日常生活費（食費、住居費、おむつ代など）は、別途負担する必要がある

[小規模多機能型居宅介護のシステム]

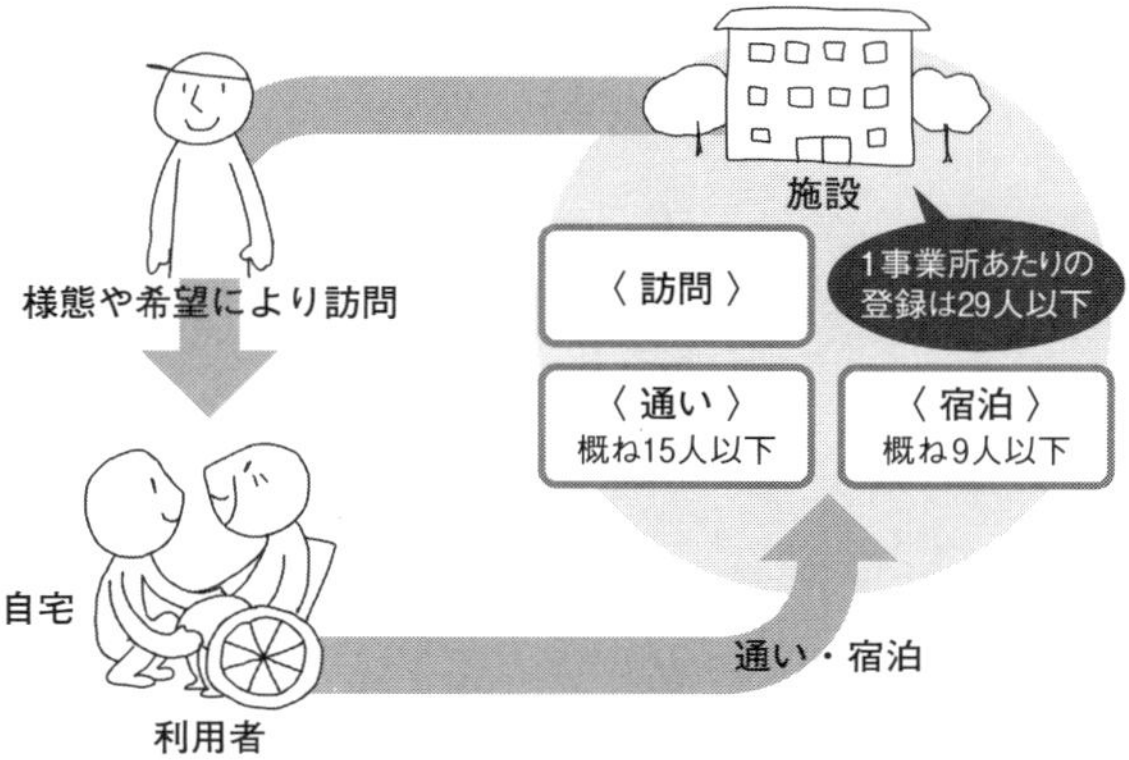

出典：厚生労働省ホームページ（https://www.kaigokensaku.jp/publish/group11.html）

応じて、施設への「通い（デイサービスと同様なサービス）」を中心に、短期間の「宿泊（ショートステイと同様なサービス）」や自宅への「訪問介護」を組み合わせ、家庭的な環境と地域住民との交流を維持させながら日常生活の支援や機能訓練を行うというものです。

「通い」「宿泊」「訪問」のどのサービスを利用しても、いつも顔なじみの職員がケアしてくれること、24時間年中無休なので、いざというときにも対応可能といった利用者にとっての安心感が注目を集めています。

ただし、定員が決まっています。1つの事業所につき29人以下の登録制で、1日に利用できる定員は、「通い」15人以下、「宿泊」9人以下で、定員を超える場合は、サービスを利用することができません。利用料金は前ページのとおりです。

メリットとデメリットを紹介しておきましょう。

◉メリット

- 毎回、ケアプランを作り直さなくても、必要に応じて「通い」「宿泊」「訪問介護」の3つを臨機応変に選べる

・1カ月あたりの利用料が定額のため、毎月の介護費用が膨らみすぎない
・契約する事業所が1つなので、連絡などの手間が少ない

◉デメリット

・ケアマネも含め、今までのサービスを変更せざるをえない
・定員があるため、希望日に利用できない可能性がある
・サービスの一部に不満があっても、そこだけ別の事業所には依頼できない
・利用料が定額なので、サービスをあまり利用しない場合は割高感がある
・スタッフや他の利用者との折り合いが悪くなった場合は居心地が悪くなる

＊＊＊

ショートステイを利用すれば、夜、起こされずにぐっすり眠ることができます。それだけでも介護する人の疲労度はかなり軽減されます。旅行に出かけたり、友達と会ったり、ショッピングに出かけたりといった余裕も生まれます。

体調をくずしたり、介護うつになったりする前に利用して、一時的にでも介護から解放され、リフレッシュする時間をつくるようにしてください。3つのサービスが1つの事業所で受けられる「小規模多機能型居宅介護」もぜひ検討しましょう。

「夜、起こされずに眠りたい」

夜のトイレ介助を減らして、睡眠時間をしっかり確保する

「要介護2の母が夜中に何度もトイレに立ち、そのたびに起こされて介助するので、クタクタです。認知症のうえにひざが悪いため、トイレに間に合わず粗相をすることもあります。その後の始末や汚れ物の洗濯も大変で…。せめて夜はゆっくり寝たいのですが、なにかよい方法はないでしょうか」

Yさん（40代女性・自営業）は、母親の夜のトイレ介助に悩んでいます。母親は認知症で、日中はそれほどでもないのですが、夜間になると調子が悪くなり、トイレにたびたび行こうとします。多い日には1時間おきに起こされるため、Yさんは慢性的

な寝不足で疲れがたまっています。

夜間のトイレ介助は介護の中でも、とくにつらい作業です。Yさんのように睡眠時間が細切れになると、介護する人の体調まで悪化しかねません。そのうえ、粗相があって洗濯や掃除の手間が増えれば、精神的なストレスも大きいでしょう。

「移動を省く」「作業を省く」の2方向で対策を

私自身、家族3人の介護をしてきたので、トイレ問題についてはいろいろなトラブルを経験しています。

その経験から学んだのは、介護する人の負担を減らすには、「移動を省く」と「作業を省く」の2つが大切だということです。

そこで、おすすめしたいのは、移動を省く手段として、夜間だけでも部屋の中でポータブルトイレを使うことです。

日中の明るいうちは大丈夫でも、暗くなるとトイレの場所がわからなくなったり、ベッドの昇り降りがネックになって時間がかかり、間に合わないことも出てきます。

最初は誰でもイヤがりますが、移動距離が短いのでラクです。トイレを洗う手間や汚物の処理が増えるとはいえ、汚れ物が増えるよりは作業の負担が減ります。

あるいは、「布パンツにパッドをあてる→紙パンツにする→オムツを使う」のように段階を踏んで、後始末がラクになる対策をしていく方法もあります。

とはいえ、排泄は人間の尊厳にかかわる問題なので、要介護の高齢者であっても、紙パンツに抵抗がある人は少なくありません。

しかし、一度経験すると、すんなり受け入れてもらえることも多いのです。失禁が多く、紙パンツを勧めてもずっと拒否していた男性が、たまたま病院への入院時に紙パンツをはき、「これは便利だ」と愛用するようになったケースがあります。

最近の紙パンツは吸収量も多く、サラッとした肌ざわりなので本人も快適です。

Yさんには、夜間に紙パンツの利用をすすめたところ、トイレ介助の回数が減ったそうです。一日中、紙パンツやオムツをはくことには抵抗がある方でも、夜間限定なら受け入れやすいものです。

排泄のトラブルはプロに相談を

夜間のトイレ介助も大変ですが、排泄がうまくできなくなっていること自体、家族がすぐに気づかない場合もあります。

私の祖母も、80代までは元気に家事をこなしていましたが、90代になって認知症の傾向が出始め、デイサービスに通うようになってから、職員に「布パンツにおもらしして、タオルをはさんでいるようですよ」と教えられたのです。

それ以降、パッドと紙パンツを使うようになったのですが、嫌がりませんでした。濡れたままの不快な状態でいるより、ずっと快適だったからです。

ある方から「父親の下痢がおさまらず、夜も何回か下着の交換が必要。どうしたらいいでしょう？」という相談をいただいたこともあります。

トイレ関係のことは他人に言いにくいものですが、一度ケアマネジャー（以下ケアマネ）に相談したほうがいいとアドバイスしました。数カ月そういう状態が続いているなら、医療関係者の判断を仰ぐべきだからです。

その後、その方はケアマネを通じて医師に相談し、薬を調整してもらったところ、なんと一晩で下痢がおさまったそうです。便失禁が多い方の場合、パジャマや下着は、できるだけ安く、使い捨てになってもいいものを何枚も用意しておくと便利です。

トイレ関連の悩みは、ときに殺意を覚えるほどつらい

排泄にまつわるトラブルは、介護殺人のきっかけになりかねない大きな衝撃です。思いがけないところに便が落ちていたり、汚れた下着がタンスに放り込んであったり、使用済みのオムツが冷蔵庫の野菜室から出てきたり、廊下の壁に便で汚れた手のあとが点々とついていたり……というケースもよく聞きます。

高齢者とはいえ、成人ですから量も多く、においも強烈です。疲れたときに、そういう状況を目の当たりにしたら…。カッとなって、つい手にかけてしまった……という気持ちはわからなくもありません。

しかし、認知症の人には多く見られることですが、片付けなければと思うものの、記憶の低下で、そのまま放置したり、自分で掃除しようとしたりしてかえって被害を大きくしてしまうのです。決していやがらせではありません。

かつて、きれい好きだった母親、立派だった父親のそういう姿を見るのは悲しいも

のです。ただ本人も、失敗に気づいている場合がありますし、自分の失敗にショックを受けていることもあるので、心に余裕があるときは、なるべく感情的にならないようにしましょう。

言葉のコミュニケーションが取りづらいため、誤解されがちですが、認知症の人は感情に敏感で、馬鹿にされたり、嫌われていることはわかるものです。

＊＊＊

排泄のあと片付けはつらいものですが、介護される側も「申し訳ない」と感じているものです。

排泄物の処理や掃除、洗濯で、自分の心が折れないよう、疲れがたまりすぎないように、手間を省く対策やグッズを積極的に取り入れてください。また、排泄関係のトラブルで困っている場合は、ヘルパーやケアマネに相談してください。

便が付いた使用済みオムツやパッドなどのにおいを抑えるゴミ袋、ポータブルトイレにこびりついた汚れをきれいにする消臭効果の高い大人用おしり拭きなど、ラクに処理できる介護グッズもどんどん利用しましょう。

「有給使い果たしたけど、もう限界」

↓

有給休暇がなくなっても、つらいときは思い切って休む

「重度の知的障害がある弟の世話をしてきましたが、母が倒れ、寝たきりになりました。家事を担当してくれていた祖母も認知症が進んできて…。障害者の支援制度や介護保険サービスを利用していますが、仕事との両立はもう限界です」

滋賀在住のZさん(40代女性・理学療法士)は、3人の家族を在宅介護しています。朝、3人の身支度をするだけで2時間半かかり、昼休みには昼食の支度のために自宅に戻る毎日。8年間お付き合いしている方もいましたが、2人で会っているときも家のことが頭から離れず、結局、別れました。

手が思うように動かせない母にイライラし、怒鳴りつけてしまったこともありました。母に強い言葉を浴びせてしまった自分が許せない。でも、将来の幸せも見えない。私がしっかりしないといけないのに…。

泣いたら負けだと強く思ってきましたが、このとき初めて涙を流しました。

介護休業から時短勤務へ

このZさんとはなにを隠そう、私自身のことです。

弟の世話は慣れていましたが、母が倒れて「要支援1」から「要介護5」の寝たきり状態に。ずっと元気で家のことをやってくれていた祖母まで認知症になってしまい、仕事をしながら1人で3人を介護する壮絶な毎日が続いていました。

勤務先の病院は自宅から近かったので、昼休みにトンボ帰りできました。

母が倒れたときや祖母が骨折したときは介護休業を取り、介護保険サービスもできる限り使っていましたが、だんだんフルタイム勤務が厳しくなってきました。

デイサービスの迎えは9時、帰ってくるのが16時。遅刻して出社することもたびたびで残業もできず、帰宅後も食事づくり、食事の世話、お風呂や洗濯などやることは山のようにあります。

このままではとても身体が持たないと思い、時短勤務の非常勤スタッフにしてもらいました。どんどん収入は減り、最後に残っていた1週間の有給休暇も、ついに使い果たしてしまいました。

自分のために休む勇気も必要

ただ、その有給休暇は、祖母や母のためではなく、初めて自分が休息するためにとりました。

よほど疲れがたまっていたのでしょう。いったん休んで、冷静になってみると、このままでは破綻すると気づきました。でも、有給はもうありません。

休暇が終わったあと、私は上司に「もう疲れました」と正直に伝えました。

上司も驚いてすぐに話を聞いてくれたうえ、思いがけず「介護に追われる事情もわかるし、休息が必要なこともわかる。しばらく休職したらどうだ」と提案されました。

おかげで、無給ではありますが、特例で7カ月間、休職することになったのです。

あとでわかったことですが、上司自身にも介護経験があり、大変さを理解してくれていたのです。7カ月しっかり休んだ後、復職することができました。

２０１７年1月に「対象家族の介護のための所定労働時間の短縮等の措置」（P88参照）が設けられましたが、当時は93日間の介護休業しか認められていなかったので、在宅介護と仕事の両立を優先するために、私は時短勤務の非常勤スタッフになりました。もし当時、この「措置」が設けられていたら、正社員のまま働き続けることができたのに…と思うと、少し残念です。

＊＊＊

疲れたときは、介護休業や有給休暇をフルに活用しましょう。たとえ、使い果たしても、つらいときは思い切って休む。ぜひその勇気を持ってください。

正社員なら簡単に解雇にはなりません。会社によって規定は異なりますが、病気の場合は1～3年ぐらい休職できるケースもあります。それに準ずるような形で、介護のために独自の休暇制度を設ける企業も出てきました。

介護離職を避けるためにも、周囲に相談して自分をいたわる時間を取ってください。

「たまには1人で過ごしたい」

⬇ 心が楽しむ時間、ぼんやりする時間をつくる

「少し前までは、介護の合間に自分の好きなミュージカルを観てリフレッシュしていました。ところが、最近は観ていても心から楽しめなくなり、チケットを取る気力もなくて…。何かよいストレス解消の手段はないでしょうか」

Aさん（50代女性・研究者）は、一昨年から父親の介護をしています。昼間はデイケアに行く日もありますが、痰吸引や水分補給があるので、夜間も付き添い、同じ部屋で寝ていました。

Aさんは大のミュージカルファンで、友人と一緒にほぼ毎月、劇場に通い、好きな

演目は何度も見るほど熱心でした。華やかなミュージカルの世界に浸るのは、何よりの息抜きだったのです。

ところが、介護が始まってからは間遠になり、1人で出かけることが多くなりました。近頃は舞台に集中できず、妙に疲れて帰ってきます。観劇仲間から誘いがあっても、出かけるのがおっくうで断ってしまいます。

気持ちに余裕がなく、疲れているときは、好きなことをしても楽しめないものです。

リフレッシュする時間を積極的につくる

ミュージカルは生身の人間が躍動する舞台です。観るだけでも体力が必要ですし、劇場に行くからには、ある程度おしゃれもしなければなりません。介護疲れがたまってきたAさんには、楽しみよりも負担のほうが大きくなっていました。

そのことに自分で気づかないほど、Aさんは疲れていたのです。

介護が始まると手続きなどの対応に追われ、半年ぐらいまでは無我夢中ですが、実際には自覚がないまま、3カ月が過ぎた頃から心身の不調が出始めます。

私は、ショートステイの利用をすすめました。Aさん自身が、ある程度まとまった時間、心と身体を休めることが必要だと感じたからです。

介護を優先していると、いつも何かに急き立てられているようで、自分の楽しみの時間をどんどん削ってしまいます。家族が要介護で大変なのに、自分だけ楽しむのは気がひける、と無意識のうちにブレーキをかけてしまっている場合もあります。

Aさんは、今までは必要ないと思っていたショートステイの利用に踏み切りました。最初は不安でしたが、一度経験してみると、ゆっくり入浴して1人でのびのび眠れるだけで非常に快適です。父親にとっても、施設のスタッフにやさしくされ、同世代の人と将棋や囲碁をするなど、いい気分転換になったようです。

ショートステイを利用するようになってから、Aさんは観劇やミュージカル仲間との交流も復活して、本来の自分を取り戻しつつあります。

ほんとうに自分がくつろげることを

自分がやりたいことをやり、楽しむことができなければ、介護も仕事もうまくいきません。介護中心の生活になり、交友関係を断ち、自分の楽しむ時間を削る日々が続くと、自分がどうしたかったか、何が好きだったかさえ、忘れてしまうのです。

私も、ショートステイを利用し始めたとき、気分転換に東京ディズニーランドへ行きました。幸せいっぱいの夢の国で、現実から離れた時間を過ごしたかったのです。

ところが実際には、アトラクションやパレードより、きれいな風景を見ながら散歩し、1人ゆっくりビールを飲んでいるほうが、はるかにリラックスできました。

とくに何もしないで、ぼんやり過ごす豊かなひととき。そのときようやく、私が求めていたのはこういう時間だったのだとわかりました。まったく違う時間の流れに身を置くのが心地よく、大いにリフレッシュできました。

＊＊＊

なにかと忙しい介護の毎日の中で、ぼんやりする時間などムダだと思われがちですが、じつは、自分らしくいられる大切な時間です。

あなたは心が喜ぶ方法を持っていますか？　もし、わからなければ、「介護が終わったらやりたいこと」、または「介護がなかったら、やりたいこと」を思い出してください。その中で今からできることを少しずつ取り入れていきましょう。

「受け入れ先が見つからない！」
⬇
あきらめずに、危機感をもって窮状を訴える

「10年前、父が交通事故で大ケガをし、要介護4になりました。最初は母と2人で介護をしていましたが、母が心臓麻痺を起こして急死。ショートステイを利用したいのですが、夜間の痰《たん》吸引があるため、受け入れ先が見つかりません。1人で介護をするのはもう限界です」

Bさん（40代女性・自営業）は、会社経営をしていた父親が交通事故にあってから生活が一変しました。介護だけでなく、跡取り娘である彼女が会社を引き継がなければいけなくなったのです。

それでも、最初の頃は母親との2人体制でした。ところが、メインで介護をしていた母親が急死してしまいます。頼りにしていた母の死に、Bさんは大変なショックを受けました。それからは、彼女1人に介護の負担がのしかかってきました。

とくに大変なのは、夜の介護です。父親は事故の後遺症のため、自分で寝返りを打つと痛みが出てしまうので、体位交換をしなくてはなりません。

一番の問題は、気管切開をしているため、痰の吸引が必要なことでした。痰吸引は医療行為にあたるため、受け入れ先が限られます。ショートステイ先を探しましたが、特別養護老人ホーム（特養）でも介護老人保健施設（老健）でも断られ、ケアマネにも「受け入れてくれる施設はないですね」と言われただけでした。

途方にくれた彼女は、ぼんやりしている時に車椅子を倒し、父親にケガをさせてしまいました。短い間に環境が激変し、精神的にも肉体的にもかなり消耗していました。

医療行為が加わると受け入れ先が少ない

通常の介護だけでなく医療行為が加わると、看護師が必要になるため、デイケアやショートステイができる施設は少なくなってしまいます。

私自身、母が胃ろうをしていたときに受け入れ先を探しましたが、胃ろうと聞いたとたんに断られてしまい、あきらめた経験があります。胃ろうの場合、看護師あるいは研修を受けた介護職の人がいる施設でないと受け入れてもらえないのです。

Bさんは長女で会社の社長でもありますから、責任感が強く、明るい人柄です。でも、涙も見せず、普通に交渉していたのでは、なかなか大変さが伝わりません。

私は、「死にたい！」「つらい！」とケアマネに、泣きながら打ち明けてほしいとアドバイスしました。そこでBさんが、恥も外聞も捨ててケアマネに窮状を訴えたところ、驚いたケアマネが奔走してくれ、特別に短時間なら受け入れてくれる病院が見つかり、一度利用したことで、その後も面倒を見てもらえるようになりました。

病院の医療ソーシャルワーカーに相談する

Bさんのケースでは、ケアマネが病院の医療ソーシャルワーカーに相談したことから、状況が好転しました。医療ソーシャルワーカーは、保健医療分野の相談に対応する専門家。大きな病院では、専門の相談室が設けられるところが増えています。

「年金暮らしで経済的に余裕がない母の入院費が心配です。支払いができるのか…」

「認知症の祖母が動き回るので、家族が付き添いを、と看護師さんから言われました。でも、両親は仕事があるし、私も子育てで常時つきそうことはできません。どうしたらいいでしょうか？」

「脳梗塞で倒れた父の退院日が迫っています。私は仕事があるので東京を離れられません。退院後は1人暮らしになる父が心配です」

こうした経済的な不安、入院・療養・退院についての悩み、転院先の紹介、医療費減免制度の説明、医師・看護師・ケアマネ・転院先の病院との連携など、困ることがあったら、医療ソーシャルワーカーに相談しましょう。

患者と家族の悩みを聞き、問題解決に向けて相談にのってくれます。

＊＊＊

超高齢社会で介護が必要な方が増えています。少しずつではありますが、病院や施設側も幅広いニーズに応える体制を整えてきています。

最初から無理だとあきらめず、ねばり強く交渉していけば、きっと道は拓けます。

教えて介護保険 4

施設での介護が現実的になる「要介護4」

介護と費用の両面から施設介護を検討する時期

「要介護4」になると、かなり重度の要介護状態で、歩行や入浴、排泄、衣服の脱ぎ着といった作業すべてに介助が必要です。

「要介護3」だった認知症の人が骨折した、脳出血で片マヒの人が認知症を発症したなど、複合的な要素がからんだ場合も、「要介護4」と認定されることが多いのです。

「要介護4」の場合、介護保険のサービスをフル活用すると、1割負担でも自己負担額は月に3万円を超えます。

さらに、デイサービスの昼食代、ショートステイでの食費や住居費が加わると月の出費は7万円以上になります。

介護の大変さと費用の両面から、施設介護がかなり現実的になってくるでしょう。

介護施設の種類を知っておこう

高齢者が骨折や脳梗塞で入院した場合、ケガや病気は完治しても筋力が落ちたり、歩行が困難になったりすることも少なくありません。そこで必要になるのが「リハビリ」です。

治療を行う急性期病院では治療が終わるとすぐに退院となるため、在宅復帰をめざして、「回復期リハビリテーション病院」で1～6カ月間リハビリを受けてから自宅に戻るケースが増えています。同様に、介護保険が利用できる「介護老人保健施設(老健)」もリハビリに利用されています。

認知症の場合は、「グループホーム」に入所するという選択肢があります。「要支援2」以上から利用でき、少人数のアットホームな環境で、介護スタッフにサポートしてもらいながら生活できます。高度な医療が必要な重い病気になった場合は退所しなければなりませんが、近年は看取りまでしてくれるホームも少しずつ増えてきました。

民間の「介護付き有料老人ホーム」は、豪華な設備をもつ施設から、比較的リーズナブルな施設までさまざまですが、入所の際、保証金などの一時金が必要な場合もあります。終身利用ができるか？ 医療が必要になった場合の対応はどうか？ など、サービス内容と費用、介護の範囲は契約前にしっかりチェックしてください。

比較的元気な高齢者を対象にした賃貸住宅「サービス付き高齢者向け住宅(サ高住)」も増えています。スタッフが常駐し、見守りや食事の提供などのサービスが受け

[さまざまな介護施設]

◉特別養護老人ホーム（特養）

日常生活でつねに介護を必要とする重度な人が入居。終身利用できる。

対象：原則「要介護３」以上、状況に応じて「要介護１」からでも入居可能

◉介護老人保健施設（老健）

退院後、在宅復帰をめざすリハビリ施設。半年〜１年程度の利用が可能。

対象：「要介護１」以上

◉グループホーム

認知症の人が5〜9名程度の少人数で介護を受けながら共同生活する施設。

対象：「要支援２」以上の認知症

◉介護付き有料老人ホーム

食事から見守り、介護サービスまで提供。入居一時金が必要なことが多い。

対象：施設により異なる

◉サービス付き高齢者向け住宅（サ高住）

見守りや食事のサービスが受けられる比較的元気な高齢者向けの賃貸住宅。

対象：60歳以上、または要介護認定を受けている60歳未満

られます。

施設利用で問題になるのは経済的な負担です。特養や老健などの介護保険施設では、入所者の所得に応じて、１カ月の支払額の上限が定められています。

また、全額自己負担である食費や住居費に関しても、所得や資産等が一定以下の人なら、「特定入所者介護サービス費（負担限度額認定）」の申請をすることで、負担額を抑えることができます。

ただし、認定が受けられる基準は市区町村によって異なります。

「経済的に余裕がないから施設は利用できない」と心配される方は、ケアマネや市区町村に相談してみましょう。

第5章

「自分の人生を優先していいんですよ」

介護で人生をあきらめない方法

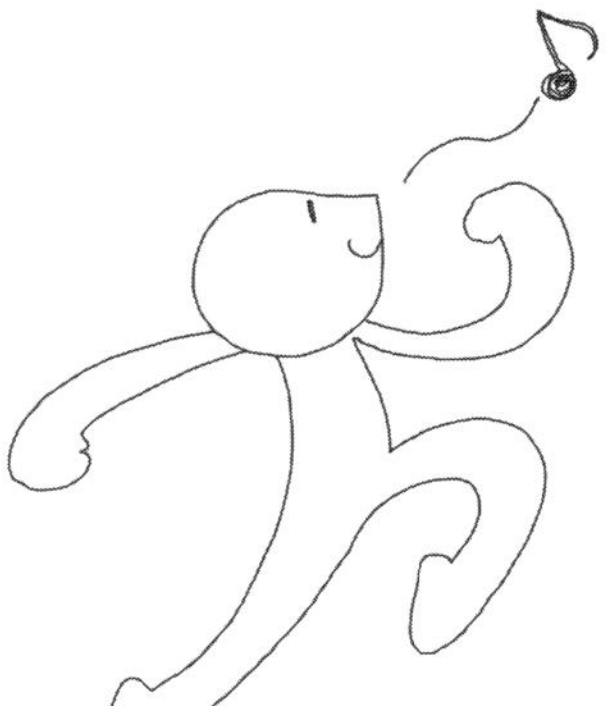

「たびたび帰省する時間がない」

⬇

遠距離介護こそ、介護サービスをフル活用する

「九州で両親が２人きりで暮らしています。80代に入り、母が認知症になってしまいました。幸い父は元気ですが、老老介護の状態が続くのも心配です。父では介護保険の申請もラチがあかないので、私が手続きしました。たびたび帰省することはできませんが、ケアマネジャーさんと電話やメールで連絡を取り合い、介護サービスを駆使して乗り切っています」

鹿児島県出身のCさん（50代女性・塾講師）は、学生時代に上京して以来、ずっと東京で暮らしています。結婚して仕事もあるため、帰省するのは年に1度あるかない

かという状況でした。

両親は数年前まで元気に畑仕事をしていましたが、母親にだんだん認知症の傾向が現れ、父親だけでは心配です。

Cさんはすぐに介護保険の申請を勧めましたが、父親はそういった事務手続きが苦手です。

電話とインターネットでもかなりのことができる

Cさんはインターネットで、実家に近い地域包括支援センターを検索し、市役所のホームページを見て高齢者に関する情報を集め始めました。

帰省できる回数や時間が限られるからこそ、効率的に介護の環境が整えられるようにしたいと考えたのです。

まずは地域包括支援センターに、実家の状況と介護保険の申請をしたい旨を伝え、手続きに必要な書類などを確認。先方も事情をよく理解してくれ、近所の民生委員の連絡先なども教えてもらいました。

民生委員とは、ボランティアで活動する非常勤の地方公務員で、地域の見守りや相談、支援、福祉活動などを行っています。地域密着で活動しているので情報も豊富。実際に訪問して状況を確認してくれるため、何かと心強い存在です。

Cさんは要介護認定の調査員が訪問するタイミングに合わせて帰省。地域包括支援センターに出向いて、ケアプランなどを話し合い、要介護認定がおりたらなるべく早く介護サービスが受けられるように手配しました。

その後、母親は「要介護1」と認定され、現在は週に3日デイケア（介護老人保健施設で行われる通所リハビリ）に通い、それ以外の日はヘルパーが訪問してくれる体制になりました。Cさんはその後も、ケアマネジャー（以下ケアマネ）と頻繁に連絡を取り合い、実家の状況を把握するようにしています。

ご近所トラブルに注意

介護の環境は整ったものの、Cさんは後になって、母親がご近所とたびたびトラブルを起こしていたことを知りました。

認知症の場合、夜中に大声をあげたり、ゴミをためこんだり、あるいはお店でお金を払わずに品物を持ってきてしまうなど、家族が知らないうちに周囲と問題を起こしているケースが少なくありません。

しかも一見、元気そうな人が多いため、ときに犯罪と誤解されがちです。

Cさんの母親は、ゴミ収集の場所がわからなくなってしまったのか、お隣の敷地内に生ゴミを捨ててしまい、トラブルになっていました。今まで良好な関係だったのに、嫌がらせだと受けとられてしまったのです。

また、別の人ですが、こういう例もあります。

ある日、母親の友人の夫から電話があり、「早朝や夜間にひんぱんに電話をかけてきて迷惑しているので止めさせてくれ」と強い口調で抗議されたのです。突然の連絡に驚き、あわてて謝りましたが、先方は我慢の限界だったのでしょう。母親の携帯や電話帳から番号を削除してほしいとまで言われてしまいました。

母親の行動も衝撃でしたが、長年親しくお付き合いしてきた方から、母親の存在を否定するような言われ方をされ、これまでの関係を断ち切られたように感じたこともショックでした。

こういったトラブルやクレームはすぐには表面化せず、帰省したときなどに突然、言われるので、家族としては余計ショックが大きいのです。

つらいことですが、きちんと事情を説明して理解を得てもらうしかありません。

幼なじみや同級生から情報を得る

Cさんには、思いがけない再会もありました。ずっとご無沙汰だった幼なじみにばったり会い、それをきっかけに同級生が集まってくれたのです。

数十年ぶりに会う人も多かったのですが、そこはやはり同級生、すぐに打ち解けることができました。

実家の状況を打ち明けると、介護経験者や介護中の人が少なくありません。深刻な状態が進行中の人、すでに見送った人、いろいろなケースを聞くことができ、「介護」を通じての連帯感も生まれました。

故郷とはいえ、周囲の環境もすっかり変わっています。地元に住んでいる人ならではの情報も教えてもらい、とても助かりました。

その後、同級生が集うＳＮＳのコミュニティに参加すると、気軽に連絡を取れる仲間が一気に増えました。親身になって「何かあったら遠慮なく相談して」と言ってくれる友人もいて、Ｃさんは故郷との距離がぐんと近くなった思いです。

今は在宅介護ですが、母親の症状が進んだり、父親の具合が悪くなれば、施設介護を検討するときが来るかもしれません。

ある程度、覚悟はできていましたが、同級生を通じて地元とパイプがつながったことで、いまは少し気持ちがラクになっています。

＊＊＊

遠距離介護の場合、インターネットで情報収集し、最寄りの地域包括支援センターに相談すれば、柔軟に対応してくれることも少なくありません。

帰省する機会を利用して、ふだんから実家の地域の方々と良好な関係を築いておきましょう。ＳＮＳもフル活用してください。

ご近所の方々にも、世間体を気にして隠そうとせず、状況を率直に打ち明けておいたほうが、誤解から起こるトラブルを未然に防ぐことができます。

「私だけ幸せになっていいの？」

⬇

介護を理由に、恋愛や結婚をあきらめてはいけない

「母が亡くなり、父とひきこもりの弟の３人で暮らしています。父は足腰が弱ってきて買い物や家事ができず、要支援２と認定されました。恋人がいますが、父のことを考えると心配で、なかなか結婚に踏み切れません」

Dさん（30代女性・会社員）は、母親の死後、ずっと家事を担当してきました。彼女には恋人がいて、子どももほしいので、そろそろ結婚したいと思っています。彼はDさんの事情を理解していますが、年齢を考えるとぐずぐずしてはいられません。

ところが弟さんは、会社をリストラされて以来、ずっとひきこもりの状態です。

結婚の話を切り出すと、弟さんは怒り、「オレは親父の面倒は見ない。お姉ちゃんが結婚するんだったら死んでやる」と脅迫めいたことを口にします。

「自分の人生を考えれば、家を出て恋人と結婚したい」

「でも、お父さんを見捨てることになるのもいやだ」

Dさんは途方にくれました。長女である彼女は責任感が強く、とくに母親が亡くなってからは常に家族を優先してきました。前の恋人とはそれも原因となって別れたので、今度こそ、ゴールインしたいと願っていました。

家族だけで抱え込まず、支援を求める

私は、弟さんの脅しのような言葉は、不安の裏返しだと感じました。

どこの家庭でも家族間の問題は根深いものですが、Dさんのように、そもそも本人が「自分だけ幸せになるのは罪だ」と思いつめていることが多いのです。

しかし、結婚しても、お父さんを見捨てることにはなりません。彼女が今まで1人でしてきたことを、行政や支援団体にお願いする時期が来たのです。

持ち家で家賃の心配がなく、父親の年金があるため、生活が成り立っていますが、このまま彼女がすべてを引き受けていては、独身のまま、弟さんの人生まで背負っていくことになりかねません。

私は、家族だけで抱え込まず、介護に関しては地域包括支援センターに、弟さんのことは市区町村の福祉課に相談してみるようにすすめました。弟さんの自立がなければ、彼女は家を出られないと思ったからです。

Dさんはとても迷っていましたが、思い切って相談に行くと、ひきこもりの人たちを支援する団体を紹介されました。スタッフが訪問してくれ、同世代で話しやすかったせいか、弟さんも渋々ながら顔を出し、世間話程度はできるようになったのです。

今までは自分がいるからと控えめにしていた介護サービスも、父親がデイサービスに行く日を増やしました。食事や入浴が済ませられますし、父親がひきこもりの弟さんと1日中、顔をつきあわせる状況も避けられます。

姉が真剣なことがわかったのでしょう。それまで家事すらノータッチだった弟さんも、買い物に行ったり、食事の支度や洗濯などを少しずつやり始めました。

半年後には支援団体の橋渡しにより、コンビニでのアルバイトを開始。社会復帰の道筋が見えてきました。仕事も意外に楽しいようで、職場に溶け込んでいます。

しばらくしてDさんは恋人と一緒に暮らし始めました。実家に近いマンションで、通勤前や帰宅後にも立ち寄りやすいロケーションです。

家を出る日、Dさんが「私、彼と結婚するからね。何かあったら、すぐ駆けつけるから」と伝えると、弟さんも笑顔でうなずいてくれました。

Dさんは結婚に対して、ようやく前向きに考えられるようになったのです。

パートナーとはできるだけ苦労を分かち合う

介護のためにパートナーとの生活が犠牲になってしまう人もいます。

東京在住のEさん（40代女性・デザイナー）は結婚式の直前、母親が脳梗塞で倒れ、新婚の甘いムードを味わうことなく毎週、実家に通う日々が始まりました。

母親は片側にマヒが残り、「要介護3」の車椅子生活になってしまったのです。

父親と弟さんがいますが、家事が不慣れな2人にまかせるのも心配です。しかも、父親は他人の手を借りたくないと介護保険の申請をいやがります。

しかし、同じ都内とはいえ、新居から実家までは片道2時間以上かかります。平日は仕事、週末は介護。夫ともすれ違いが続き、ぎくしゃくしてきました。

いっそ仕事を辞めてしまおうか――そう考え始めた矢先、父親が体調を崩して入院。ついに介護サービスの利用を決めました。母親はショートステイを初めて利用し、Eさんは結婚後初めて、介護から解放される時間がもてました。

久しぶりに夫婦でゆっくり話ができ、長い間、実家中心の生活になっていたことを謝りました。夫も、「一緒にいる時間が少なくて淋しかった」「何も相談してくれない疎外感があった」と正直に打ち明けてくれました。

Eさんはハッとしました。これまでは暗い話を聞かせたくない、迷惑をかけたくないと思い、夫に頼ろうとせず、相談することもありませんでした。

「これからはどんどんプロの手を借りて、夫婦の時間を大事にしよう!」

Eさんは父親の退院後も介護サービスを依頼し、実家通いを隔週にしました。

介護される親も子どもの幸せを望んでいる

そしてある日、両親に夫婦で旅行に行きたいと切り出しました。かなり勇気が必要でしたが、「ゆっくりしてきなさい」と両親は快く送り出してくれました。結婚直後から介護に追われる娘のことをずっと心配していたのです。妻を実家に取られたように感じていた夫も、旅行を機に、通院に付き添ったり、両親に得意料理をふるまったり、Eさんを応援してくれるようになりました。

親は子どもの人生を犠牲にしようとは思っていません。介護のために恋愛や結婚をあきらめたりすれば、逆につらいはずです。がんばりすぎず、自分自身の幸せと両立できる方法を見つけてください。

＊＊＊

恋人やパートナーに嫌われたくないと思い、介護のつらさを1人で抱え込んでいると、相手が「打ち明けてくれない＝信頼されていない」と感じて、破局する例もよく聞きます。悩みを分かち合えないことに失望してしまうのです。大切な人には素直に悩みやつらさを打ち明けるほうが、結びつきが強くなります。

けっして介護を理由に、恋愛や結婚をあきらめないでください。誰もが自分の人生を生きる権利があります。あなたは、幸せになっていいんですよ。

「赤ちゃんがいるのに親が倒れた！」

⬇

ダブルケアすることになったら、自分の家族を優先する

「同居していた妻の母が認知症になりました。私も妻も医療関係の仕事をしていてそれなりに知識があるので、当然、在宅で面倒をみるつもりでしたが…。比較的症状は軽いものの感情の起伏が激しく、まだ幼い息子に攻撃的になることもあります。かなり悩みましたが、別居することにしました」

Fさん（40代男性・薬剤師）は、看護師をしている妻と40代で結婚。しばらくして子どもが生まれました。義母と同居し、当初は家事や育児を手伝ってくれるなど、共働き家庭にとってはありがたい存在で、いい関係が続いていました。

しかし、息子が2歳になる頃、義母に少しずつ認知症の傾向が現れ始めました。頼んだことを忘れたり、料理の味付けがおかしかったり、以前とは様子が違います。家事をまかせるのもだんだんむずかしくなってきました。

要介護認定は「要支援2」。自分の身のまわりのことは一応できますが、問題なのは、気に入らないことがあるとイライラして急に怒り出したり、泣き出すなど、情緒不安定なことでした。

以前は穏やかで料理上手な人で、息子の面倒もよく見てくれ、Fさん夫婦の役に立っていることに生きがいを感じていました。ところが、おそらく本人にも、以前とは違うという自覚があるのでしょう。思いどおりにならない状況がもどかしく、いらだちを周囲にぶつけてくるのでした。

あるときは、怒って息子が座っているベビーチェアを押し倒しそうになりましたし、息子に物を投げつけたこともありました。

まだ幼い息子の身に何かあったら…。Fさんはこれ以上、同居するのは限界だと感じました。

高齢者向け賃貸住宅「サ高住」を利用

Ｆさんは別居を決め、義母には「サ高住」に移ってもらうことにしました。

「サ高住」とは「サービス付き高齢者向け住宅」の略で、都道府県単位で認可・登録された、バリアフリー対応の高齢者向け賃貸住宅です。

おもに民間事業者によって運営され、介護認定のない高齢者から、軽度の要介護状態の方までを受け入れています。普通の賃貸住宅と違う点は、生活相談員が常駐して、入居者の安否確認やさまざまな生活支援サービスがあることです。

簡単に言えば〝見守り付きの高齢者用賃貸住宅〟です。

基本的にはキッチンやバスルームのある個室で生活しますが、共同で使える食堂やリビングなどがあるところが多く、食事を提供してもらうこともできます。

Ｆさんは自宅近くで、陽当たりのよい新築マンションのサ高住を見つけました。最近はサ高住が急激に増え、新しいきれいな物件も珍しくありません。義母も家事や育児に協力できないので、別居に納得。よい部屋だと喜んでくれました。

「サ高住」のメリットとデメリット

サ高住は賃貸住宅なので、多額の契約金などが必要ありません。60歳以上の高齢者と、軽度の要支援・要介護者が対象ですから、一般の賃貸住宅なら敬遠されがちな高齢者でも借りやすく、住みやすい環境が整っています。

今は元気でも1人暮らしが不安な方、身寄りが近くにいない方などにも好評です。夫婦で入れる広めの物件もあり、入居しながら介護保険のサービスを受けることも可能です。

一部では食事・掃除・洗濯のサポート、介護職員や看護師による入浴・食事・排泄などの介護、機能訓練指導員によるリハビリテーションなど、介護付き有料老人ホームとほぼ同様のサービスを行っています。

ただし、一般の賃貸住宅より家賃が割高で、認知症が進んだり、身体介助などが必要になったりした場合は、退去しなければならないところもあります。

状態が悪化したら退去しなければいけないのか、最期まで看取ってもらえるのか、確認しておきましょう。

サ高住に移ったFさんの義母の住み心地は悪くないようです。同世代の入居者が多く、認知症の進行を防ぐ介護サービスを受けながら、娘夫婦や孫ともつかず離れずの距離を保ちつつ、よい関係で暮らしています。

サ高住のメリットとデメリットを、以下に簡単にまとめておきます。

◉メリット

- 高齢者が契約しやすい賃貸住宅で、新規参入が多く選択肢が豊富
- バリアフリー対策など、高齢者が生活しやすい設備が整っている
- 介護認定のない自立した高齢者も入居できる
- 自宅同様、自由な生活を継続できるところが多い

◉デメリット

- 一般的な賃貸住宅に比べ家賃が高く、連帯保証人を求められる
- 重度の介護状態になると、基本的に住み続けられない
- 施設によって提供されるサービスに差がある

直接、お世話することだけが介護ではない

Fさんは「一緒に暮らすのはもう無理だった。後悔はないけれど、申し訳なさは残る」と、息子のために義母を犠牲にしたという思いもあるそうです。

最近は晩婚のカップルや高齢出産が増え、出産・育児と介護が重なるダブルケアの家庭が少なくありません。どちらを優先するか、悩む方も多いことでしょう。

その場合、私はいつも、「自分の家族を優先してください」と言います。

Fさんのような医療関係者であっても親の介護はむずかしいものです。子育てが中途半端になるより、介護は外部にゆだねたほうが共倒れにならずに済みます。

＊＊＊

ダブルケアの場合は両方を抱え込まず、自分の家族を優先しましょう。

また、直接、世話をすることだけが介護ではありません。自分たちの生活を守りながら、サ高住や介護サービスを利用するのも立派な介護。さまざまな制度を活用しながら、親にとっても自分にとっても無理のない方法を取るのが一番です。

「介護で青春が過ぎていく…」

⬇

介護のために学校を辞めたり、進学を断念しない

「13歳の時に、父が脳梗塞で倒れ、ほぼ寝たきりに。以来20年以上、在宅介護が続いており、ずっと自分が母を手伝ってきました。父は要介護5ですが、デイサービスやショートステイの利用を頑なに拒否しているので、家族は気が休まる暇がありません。そんな毎日に耐えられなくなり、とうとう家を出てしまいました。ときどきは帰って手伝っていますが、逃げた自分を責めています」

働き盛りの父親が倒れたのは、Gさん（30代男性・税理士）が中学生の頃でした。生活は一変。高校生の兄は県外の大学に進学したまま帰ってこないため、次男である

Gさんが母親を支えてきました。

寝たきりとはいえ、頭はしっかりしている父親は、自宅を離れることを嫌がり、施設でのケアを頑として拒否しています。

母親は仕事があるため、介護保険制度が施行されてからは、日中は訪問介護と訪問看護をフル活用。介護保険でまかなえないところは家政婦さんにお願いしています。実家は会社を経営しており、幸い経済的な面では問題がありません。

しかし、すべてがお金で解決できるわけではありません。

とくに大変なのは夜間のトイレ介助（しびんで排泄）です。地域によっては夜間の訪問サービスがありますが、Gさんの地域にはなかったため、夜間の介護は家族でするしかありませんでした。

普段は母親が世話していますが、夜中に何度も起こされる日もあり、Gさんが手伝うこともありました。

夜中に父親が呼ぶチャイムの音、怒鳴りあう声。両親のケンカも絶えません。

こんな日々が20年以上も続き、Gさんは実家を出て、1人暮らしを始めました。

介護と自分の人生を切り分ける

Gさんの現在の住まいは実家の近くなので、母親に代わって介護をすることもあります。しかし最近、「家族を見捨てて逃げた」「自分だけラクをしている」という後ろめたさが強くなってきました。たまにしか手伝わないくせに「疲れた」と言ってしまう自分もイヤでたまりません。

「やはり実家に戻ったほうがいいのか？」介護の日々から解放されてホッとした一方、罪悪感と自己嫌悪に襲われるようになったのです。

私は、「自分の心を守るためにいったん実家を離れたことは正解だと思います。人の手を借りることが可能なら、まかせられることはまかせて、ときどき顔を出す程度で十分。決して卑怯ではありません」と伝えました。

Gさんは、中学・高校・大学・社会人とずっと、父親の介護を分担してきたのです。環境を変え、人生をリセットするにはいい機会でした。すでに30代後半にさしかかろうとしています。一度、介護の問題と自分の人生を切り離し、もっと自分自身の人生を優先していいでしょう。

Gさん自身、実家を離れたことで、お父さんのつらさやケンカをしながらも別れずにいる夫婦のきずなの強さに気づいたそうです。

実家を離れ、両親を客観的に見られるようになったからこそ、自分の心も見つめる余裕ができたのでした。Gさんは、これからも別居は続け、自分の時間を大切にしながら、母親をサポートしていきたいそうです。

誰もが自分の人生を生きる権利がある

近年、核家族や共働き家庭が多くなり、未成年の頃から祖父母や親の介護を担う「ヤングケアラー」が急増しています。

たとえば、祖父母が倒れても、両親が働いている場合、病院への付き添いもままならず、時間に余裕がある子どもが世話をする例が決して少なくありません。

高校生や大学生のときに介護が始まり、進学や就職を断念したり、中退したりするケースもあります。とくに女子の場合は、自分からそういう道を選んだり、親がそれを期待したりすることさえあります。将来のために勉強し、人間関係を築いていく大切な時期を介護のために奪われる状況は、若者の貧困化の一因にもなっています。

介護の問題は、個人の問題ではなく社会問題として捉え、早急の対策が取られなければならないと、あらためて痛感します。

セーフティネットは可能な限り利用する

両親が失踪し、祖母に育てられたティーンエイジャーの女の子、Hさんからメールが届いたことがありました。Hさんは認知症を発症した祖母の介護のために、高校を中退。アルバイトを点々としながら生活しているというのです。

彼女のようなヤングケアラーの悩みは、周囲に相談できる人がいないことです。介護問題は話題にしにくく、同級生の大半は介護とは無縁の生活を送っています。

メールの文面からは、介護保険のことがよくわからず、介護認定も受けていないようでした。頼れる大人が周囲にいないらしい点に心が痛みました。

他に身内がいないとはいえ、彼女が1人で背負うには負担が大きすぎます。

私は「すぐに地域包括支援センターに行って相談し、経済的に厳しければ生活保護を申請するように」と伝えました。

しかし、Hさんがうまく手続きできたかどうかはわかりません。心配で何度かメールしましたが、返事がなかったからです。

介護保険の利用と生活保護の受給は、困窮したときに申請できる私たちの権利です。正々堂々と活用してつらい状況を乗り切ってほしいと願わずにはいられません。1人でがんばらずに助けを求めれば、今よりラクになれる制度が日本にはあるのですから。

＊＊＊

総務省の「平成24年就業構造基本調査」によれば、家族を介護する15～29歳のヤングケアラーは約17万7000人に上ります。

家族の中に介護が必要な人が出てきたとき、働いている大人たちより時間の融通が利く10代の若者たちが介護要員になってしまう傾向が強まっています。

子どもや孫をヤングケアラーにしないために、身内だけでがんばらず、周囲に助けを求めて乗り切ってほしいと願わずにはいられません。

大変なときほど、1人で、あるいは家族だけで解決しようとせず、行政やプロの手を借りましょう。

教えて介護保険 5

「要介護5」では、施設の活用のしかたがカギになる

「要介護5」は、医療や介護の全面的な支援が必要となる

「要介護5」は、ほぼ寝たきりで、最重度の介護が必要な状態です。動き回って行方不明になる、転倒する、といった問題はなくなるぶん、ラクな面もありますが、食事、排泄、入浴など生活全般にわたって介助が必要です。

しかも、痰の吸引など医療的な処置が必要になると、家族、あるいは訪問看護、専門的な研修を受けた介護職しかできないため、介護する人の負担は増えます。

また、「要介護5」になると施設入居の優先順位があがり、特別養護老人ホーム（特養）に入所できる可能性が高くなります。特養は、介護から医療処置まで対応してもらえるうえ、費用もリーズナブルな点が魅力です。

ただ、人気は高いのですが、難点は、すぐに入所できるとは限らないこと。さらに、いざ施設に入れる順番が来ても「もう少し

がんばって、家で看たい」「もう限界、疲れた」と、在宅か施設かで悩む人も少なくありません。

在宅か施設か迷ったときにおすすめしたいのが、ショートステイや介護老人保健施設（老健）の利用です。

老健は在宅介護を続けるための強い味方

特養のショートステイ（短期入所生活介護）は対応していませんが、老健のショートステイ（短期入所療養介護）では、リハビリを受けることが可能です。

とくに、在宅復帰のためのリハビリに力を入れている老健では、理学療法士や作業療法士、言語聴覚士など、専門家が在籍しています。施設によって、個別リハビリとグループリハビリがあります。

老健のショートステイを検討する際には、「リハビリスタッフは何人ぐらいいますか？」「個別のリハビリは受けられますか？」とたずねてみましょう。

老健には、ショートステイより長い「入所」という活用法もあります。３カ月間、入所し、その間にリハビリを受けて生活リズムを整え、自宅に戻るといった、在宅復帰支援に力を入れている老健が増えています。入所中は、家族が一休みできることも大きなメリットです。

在宅介護では、デイサービスや老健のショートステイを活用する、あるいは老健に

[特別養護老人ホーム（特養）の1カ月の自己負担額のめやす]

施設サービス費の１割	26,130円
居住費	約28,000 ～ 62,000円
食費	約44,000円～
日常生活費	約10,000円（施設により異なる）
日常生活支援加算等	約10,000 ～ 30,000円（施設により異なる）
	合計　約120,000 ～ 160,000円

＊「要介護5」の人が相部屋を利用した場合

[介護老人保健施設（老健）の1カ月の自己負担額のめやす]

施設サービス費の１割	約35,000 ～ 40,000円
居住費	42,000円～
食費	43,350円～
その他（共用娯楽費、洗濯委託費など）	10,000 ～ 20,000円
在宅復帰加算等	約10,000 ～ 30,000円（施設により異なる）
	合計　約130,000 ～ 180,000円

＊食費と居住費は施設ごとに設定されています

３カ月入所する。自宅と老健を往復しつつ、長い間、在宅での介護生活を続ける方もたくさんいます。施設介護にふみきる前に、ぜひ検討してください。

老健で働く友人は「特養への入所待ちのつなぎとして老健を利用する人が多いのが残念です。在宅介護で限界になる前にこそ、一度、老健を活用してほしい」と話していました。

どこの老健を利用していいか迷ったときは、「在宅支援を積極的にしている老健はどこですか？」とたずねてみましょう。

なお、老健は「要介護１」、特養は「要介護３」以上から入所できます。市町村が認めた場合は、特養でも「要介護１」から入所可能です。

おわりに

「母と手をつないで、施設の近所を散歩したんです。話がかみあわないことも多かったけれど、初めて聞く話も結構あって。母が元気なころはほとんど話さなかったのに。ほんとうにいろいろありましたが、今は〝介護してよかった〟と思います」

Wさん（40代女性・会社員）が、グループホーム（認知症の高齢者を対象とした介護施設）に入所した認知症の母親の様子を報告してくれました。

パニック状態に陥ったWさんから相談があったのは、1年前でした。

「実家に帰ったら、母が額から血を流して、右目が腫れあがっているんです。老老介護している父が、認知症の母を殴ったんです！　母は要介護2だから特養には入れない。施設に入るお金もない。私が会社を辞めて看ていないと母が殺されちゃう！」

緊急を要する事態だったので、すぐに地域包括支援センターに相談するように伝えると、母親の老健への入所が決まりました。

6カ月後、グループホームへ入所することになりましたが、この早さで対応できたのは、「お金がない」ことを最初の段階で訴えた点が大きかったようです。

「老健では無理ですが、グループホームなら世帯分離をして費用を軽減できます。もし、ご両親の年金や貯金でまかなえなくなったら生活保護を申請しましょう」

と地域包括支援センターの職員から具体的なアドバイスをもらったからこそ、強い意志で交渉することができたそうです。

「生活保護の申請時には、福祉課できびしいことを言われましたけど、何度も何度もお願いに行きました。途中で心が折れそうでしたが、先週、母の生活保護の手続きが終わって、ホッとしました」

そして、パニックになっていた当時を振り返り、こうも言っていました。

「思いつめると、人は極端なことを考えちゃうものですね。地域包括支援センターに相談していなかったらと思うと、ほんとうに怖い…」

人は追い詰められると、Wさんのように、自分が知っている〝限られた情報〟の中で「この方法しかない」と判断しがちです。介護離職はもちろん、介護殺人や心中事件へ発展するケースのほとんどが、そうした限られた情報の中で絶望してしまうことが原因になっています。しかし、外部に助けを求め、相談すれば、新しい情報が得られて選択肢も増え、つらく悲しい事件を防ぐことができるのです。

私のブログ「介護に疲れた時、心が軽くなるヒント」や私が代表を務める介護者メンタルケア協会のホームページには、毎日のように「誰にも話せない」「自分でがんばるしかない」「もうがんばれない…」という声が数多く寄せられます。

実際の現場の声があったからこそ、介護に直面されている方、これから介護する方を支えるための情報を、今回、1冊の本にまとめることができました。

介護保険制度も健康保険も財政破綻の危機を迎え、サービスの削減が続いています。「育児・介護休業法」も、仕事との両立を支えるには十分とは言えません。制度が〝足りない〟状況だからこそ、あなたの助けを求める声が現状を変える力となります。

あなたの身近に介護で悩んでいる人がいたら、こう言葉をかけてください。

「今まで、よくがんばってきましたね。

でも、もう大丈夫ですよ。

1人で、がんばらなくてもいいんですよ」

そして、地域包括支援センターに、市区町村に、会社の人事に、助けを求めれば状況はきっと変えられると教えてあげてください。

あなた自身がもし、「もう限界！」「仕事を辞めるしかない」といった状況に直面したら、次の3つのことを思い出してください。

◉1回ですべてを解決しようとしない
◉1人で解決しようとしない
◉家族の中だけで解決しようとしない

そして、最後に一言。

介護をすることで、あなたの人生をあきらめないで。

あなたが幸せになることを、あきらめないで。

橋中　今日子

［著者］
橋中 今日子（はしなか・きょうこ）
理学療法士 公認心理師
リハビリの専門家として病院に勤務するかたわら、認知症の祖母、重度身体障害の母、知的障害の弟、の家族3人を21年間にわたって1人で介護する。仕事と介護の両立に悩み、介護疲れをきっかけに心理学やコーチングを学ぶ。自身の介護体験と理学療法士としての経験、心理学やコーチングの学びを生かして、介護と仕事の両立で悩む人、介護することに不安を感じている人に「がんばらない介護」を伝える活動を全国の市区町村で展開中。企業では、介護離職防止の研修も担当。ブログ「介護に疲れた時に、心が軽くなるヒント」では、「介護をしていることで、自分の人生をあきらめないで！」「あらかじめ対策を知っておくことで、問題は回避できます！」といった介護疲れを解消し、心がラクになる情報を発信中。NHK、TBSほか、テレビやラジオでも活躍中。

本書の内容および数字は、すべて取材・執筆時のものですが、第2刷において「令和6年度介護保険報酬改定」を反映しました。

がんばらない介護

2017年３月16日　第１刷発行
2024年５月27日　第２刷発行

著　者――橋中今日子
発行所――ダイヤモンド社
〒150-8409　東京都渋谷区神宮前6-12-17
http://www.diamond.co.jp/
電話／03･5778･7227（編集）　03･5778･7240（販売）

装丁･本文DTP ―轡田昭彦＋坪井朋子
イラスト――めぐろのY子
写真――――清水貴子
編集協力――立野井 一恵
資料協力――鈴木 望
校正――――ハーヴェスト
製作進行――ダイヤモンド・グラフィック社
印刷――――八光印刷（本文）・慶昌堂印刷（カバー）
製本――――ブックアート
編集担当――平城好誠

ISBN 978-4-478-10171-1